Momentos Tranqüilos

para Esposas de Pastores

Momentos Tranqüilos

para Esposas de Pastores

ESCRITURAS,
REFLEXÕES
& ORAÇÕES

compilado por **Joyce Williams**
traduzido por **Marta Doreto de Andrade**

CPAD

1ª edição
Rio de Janeiro
2009

Título do original em inglês: *Quiet Moments for Ministry Wives*
Beacon Hill Press, Kansas City, Missouri, EUA
Primeira edição em inglês: 2006
Tradução: Marta Doreto de Andrade

Preparação dos Originais: Daniele Pereira
Adaptação de capa, projeto gráfico e editoração: Luciene Oliveira

CDD: 242 - Devocional
ISBN: 978-85-263-0993-7

Para maiores informações sobre livros, revistas, periódicos e os últimos lançamentos da CPAD, visite nosso site: http://www.cpad.com.br

As citações bíblicas foram extraídas da versão Almeida Revista e Corrigida, edição de 1995, da Sociedade Bíblica do Brasil, salvo indicação em contrário.

SAC — Serviço de Atendimento ao Cliente: 0800 021-7373

Casa Publicadora das Assembleias de Deus
Caixa Postal 331
20001-970, Rio de Janeiro, RJ, Brasil

1ª edição: 2009

AGRADECIMENTOS

Agradeço a Deus por sua inspiração e orientação, e por capacitar-me a trabalhar neste projeto. Foi impressionante observar como Ele me dirigiu os passos à colaboradora certa — uma após outra. Todos os devocionais neste livro possuem uma única "história por trás da história". O meu desejo é partilhar cada uma com você.

Acima de tudo, uma palavra especial de apreciação a cada esposa de pastor que separou tempo em sua agenda lotada a fim de participar deste projeto.

E, mais uma vez, agradeço ao meu querido esposo, Gene, por seu contínuo encorajamento e sua confiança em mim. Nenhum de meus livros teria sido publicado sem o seu apoio entusiástico e a sua edição.

Bonnie, Judi e o restante da maravilhosa equipe da Beacon Hill Press of Kansas City foram, novamente, os melhores. Muito obrigada por acreditarem neste livro devocional.

Como sempre, a minha oração é para que você, leitora, encontre renovação e encorajamento, enquanto absorve-se nestas páginas. Possa você desfrutar momentos tranqüilos com o nosso Pai celestial, que lhe afagará o coração e lhe restaurará a alma.

APRESENTAÇÃO

Norma Smalley

Momentos Tranqüilos para Esposas de Pastores? Devo confessar: esse título pareceu-me um tanto paradoxal. Meu esposo Gary e eu somos privilegiados em trabalhar com muitos pastores pelo mundo todo, cujos rebanhos demandam enorme atenção. Portanto, encontrar tempo para "estar quieto" pode ser um completo desafio para ministros e suas esposas.

Este livro desafia a todos os que nos achamos na linha de frente do ministério a retirar-nos a um lugar solitário, a fim de, prioritariamente, comungarmos com o nosso Senhor. É quando experimentamos a renovação e restauração de que carecemos. Assim, ao reentrar em nosso campo missionário, estaremos reabastecidos para o dia à frente.

Como esposa de pastor, descobri que faz uma grande diferença quando começo o dia lembrando-me que provações e irritações sobrevirão todos os dias. Nosso Pai promete, em Romanos 8.28, tomar cada uma delas e transformá-las em bem. Então, quando chegam as provações, obrigo-me a dizer: *Hoje é a minha dádiva. Senhor, tu és bom, e confio em ti!*

Encorajo você a abraçar cada novo dia como um presente. E então, tire alguns momentos a sós e leia estas reflexões, para que o seu coração seja aquecido e a sua alma, refrigerada.

PREFÁCIO

Cynthia Heald

"Aquietai-vos e sabei que eu sou Deus" (Sl 46.10) é um dos meus versículos bíblicos favoritos. Sempre entendi que Deus, graciosamente, estava convidando-nos a sentar em sua presença e a aprofundar a nossa intimidade com Ele.

Eu pensava que fosse um terno chamado à aproximação, até que me dediquei a estudar o verdadeiro significado de "Aquietai-vos". O que descobri foi que Deus não estava oferecendo um repouso ao atormentado, mas procurando, em essência, chamar-nos a atenção em meio a nossas vidas ocupadas, a fim de que o nosso foco estivesse em sua suficiência, e não em nossas circunstâncias.

Compreendi que o seu "Sossegue" ou "Pare de lutar" era semelhante ao meu gesto de pegar pelos ombros um de meus pequenos e agitados filhos, olhá-lo nos olhos e, severamente, ordenar: "Quieto!"

Entretanto, é o seu amor permanente que o compele a chamar-nos à quietude e a um entendimento mais profundo de quem Ele é. Pois enquanto atravessamos os vales da dificuldade e escalamos montanhas aparentemente intransponíveis, Ele convida-nos com firmeza a volvermos da miséria e da rotina diária de nossas vidas, para que possamos experimentar o conforto que somente a sua presença pode trazer.

A verdade desse texto e a consolação que traz encontram-se nos testemunhos de mulheres queridas registrados neste livro. Joyce Williams e outras servas escolhidas do Senhor partilham suas histórias de como aprenderam a estar quietas. São mulheres que estão nas "trincheiras" — servindo ao lado de seus maridos e aprendendo, através da adversidade e do estresse do ministério, como é essencial ouvir Deus, parar e ficar sossegado diante dEle.

A minha oração e o meu incentivo são para que você, assim como eu, compreenda que "sossegar" é uma dádiva de Deus para nós — o presente inestimável de conhecê-lo em silêncio e ganhar forças na quietude.

"No sossego e na confiança [está] a vossa força" (Is 30.15).

SUMÁRIO

INTRODUÇÃO

Jeannie Mccullough

Não ajunteis tesouros na terra, onde a traça e a ferrugem tudo consomem, e onde os ladrões minam e roubam. Mas ajuntai tesouros no céu, onde nem a traça nem a ferrugem consomem, e onde os ladrões não minam, nem roubam. Porque onde estiver o vosso tesouro, aí estará também o vosso coração.

– Mateus 6.19-21

Não sei o que estávamos pensando, mas, em meus doces dezesseis anos, Mel perguntou ao meu pai se podíamos nos casar. Três horas mais tarde, ele prometeu a papai proteger-me, sustentar-me e... adiar o evento até que viesse a possuir ouro ou algo que o valesse. Você sabe, o "impossível".

Quando nos casamos, três anos mais tarde, Mel não tinha achado ouro. A minha aliança custou vinte e três dólares. Trinta e cinco anos depois, Mel presenteou-me com um diamante. Entretanto, bem antes que eu ganhasse o diamante, a minha vida já era cheia de jóias preciosas dadas por Deus. Mel era a primeira delas.

Algumas das minhas jóias mais finas são as pessoas que conheci — especialmente aquelas enviadas por Deus para servir comigo no ministério. Ao longo dos anos, o seu encorajamento tem-me chegado de várias maneiras: abraços, sorrisos, compreensão, presentes, aceitação, cartões e muitas cartas.

Há vinte e cinco anos, comecei a prática de esconder essas "jóias" escritas. Tenho bilhetes guardados em carteiras muito bonitas, mas raramente usadas, em *closets* condenados por causa da desordem e em armários entupidos de toalhas usadas apenas em pânico. Então, dependo de Deus para guiar-me às minhas jóias ocultas quando a minha alma se acha prestes a ceder. Essas descobertas fazem o velho parecer novo outra vez.

Recentemente, encontrei por acaso, na gaveta de meu criado-mudo, um desses "diamantes". Olhei primeiro para ver quem o escrevera. Era de fato uma dessas jóias de dez quilates, vinda de uma amiga — uma seguidora de Cristo e serva fiel que se acha agora inativa, por causa das debilidades do corpo e da mente. Contudo, os seus braços ainda me envolvem com o bilhete que ela me escreveu há tanto tempo, lembrando-me de que ela é uma dessas muitas amigas que me amam. Embora a carta esteja dobrada de modo retorcido, e a sua caligrafia se ache fora de ângulo, oculto nestas imperfeições encontra-se um aroma divino, daqueles que acordam a alma.

Oro para que esta coleção de jóias escritas por esposas de pastores encoraje você, assim como as jóias escritas escondidas em minha casa têm me encorajado através dos anos.

1

UM DEUS DIGNO DE QUE MORRAMOS POR ELE

Gladys Staines

Porque para mim o viver é Cristo, e o morrer é ganho.
– Filipenses 1.21

As lágrimas rolaram por minha face naquela manhã de 14 janeiro de 1999, durante a minha hora tranqüila com o Senhor. Eu estivera lendo a passagem sobre a obediência de Abraão, porém o que mais me tocou foi a história que li em meu devocional, de uma menina de 12 anos que estava ficando cega. Ela dissera ao seu pastor, quando ele a visitara, que Deus estava tirando-lhe a vista. O sábio pastor aconselhou: "Não o deixe fazer isso". Ela questionou, e ele esclareceu: "Ofereça-lhe a sua vista como um sacrifício". Foi quando a questão se me apresentou.

Enquanto eu orava e ouvia, senti uma voz interior indagar-me se eu estava disposta e entregar-lhe tudo por amor — talvez até meu marido, meus filhos e meus bens. Recordo-me de haver gastado muito tempo com essa questão. Então, respondi-lhe: "Sim, Senhor Jesus, estou disposta. Tome para o seu uso tudo o que possuo — meu marido, meus filhos e tudo o mais. Entrego-lhe tudo". O Senhor confortou-me, perguntando: "Você não sabe que Abraão agradou-me sacrificando o seu único filho, Isaque?"

Eu não tinha como saber que, apenas nove dias mais tarde, o meu esposo, Graham, juntamente com nossos dois filhos, Philip e Timothy, seriam atocaiados em Manoharpur. Enquanto eles se amontoavam em nosso caminhão, foram queimados vivos por uma turba frenética, portando tochas. Oh, como agradeci a Deus pelo modo como ele havia preparado o meu coração para entregar-lhe tudo o que eu amava! A nossa fé em Deus susteve a nossa filha, Esther, e a mim, através da terrível realidade de nossa perda.

A princípio, disseram-me que apenas a carreta havia sido danificada. Mais tarde chegou a informação de que houvera um "incidente" no acampamento, e Graham e os meninos estavam faltando. Finalmente, um oficial do governo trouxe a notícia de que estavam mortos. Após meu choque inicial, encontrei Esther. Ternamente pus o braço à sua volta e sussurrei: "Fomos deixadas sós".

A atmosfera de pesadelo dos próximos dias, semanas e meses foi acolchoada pelo reconhecimento de que Deus preparara-me o coração para entregar-lhe os meus amados. Mesmo enquanto tomávamos conhecimento dos detalhes do terrível assassinato, Esther e eu agarrávamo-nos uma a outra e à nossa fé em Deus. Senti a paz que excede o entendimento envolver-me, enquanto eu refletia sobre a nossa vida juntos. Quando partilhei com Esther aquelas memórias, ela também achou grande conforto.

Embora, de certo modo, vivêssemos apenas setenta quilômetros distante um do outro, na Austrália, Graham e eu nunca tínhamos nos visto, até nos encontrarmos em 1981, na Índia, aonde eu fora para um treinamento missionário. Graham já se achava lá, servindo como missionário. Casamo-nos em agosto de 1983. Graham retornou a Índia seis meses depois, e eu juntei-me a ele no Mayurbhanj Leprosy Home, próximo a Baripada, Orissa. Ele vinha servindo a Cristo e aos doentes de lepra, desde 1965, e este logo se tornou o nosso trabalho de amor.

Graham era um grande missionário, esposo e pai. Apesar de seu agitado estilo de vida, sempre tinha tempo para mim e os filhos. Ele era bom e gentil, e sempre fazia tudo para a glória do Senhor. Nunca se preocupava, mesmo enfrentando grandes dificuldades. Ele sempre louvava a Deus e nunca apelava às pessoas, porque, como um filho do Rei dos reis, dizia ele, "por que deveria pedir ajuda aos seres humanos?" Éramos um na fé, na visão e na missão.

Morávamos num velho bangalô, dentro do complexo missionário, e escolhêramos um estilo de vida realmente simples. Considerávamos os nossos três filhos, Esther, Philip e Timothy, dádivas de Deus a serem criados nos caminhos divinos. Embora sentíssemos terrivelmente a falta de Esther e Philip, quando tivemos de mandá-los à escola, a 2.000 quilômetros de distância, estávamos felizes por seu ambiente espiritual.

Tanto Esther quanto Philip amavam o ministério com os leprosos, e colaboravam quando estavam de férias em casa. Philip tratava as feridas de seus amigos como um experimentado profissional da área médica. Tim adorava pregar. Ele sempre arranjava as cadeiras no salão do prédio, dispunha sobre elas livros no idioma local e fingia que eram a sua congregação. Os nossos três filhos amavam ao Senhor e as pessoas, e gostavam muito de cantar. Timothy sentia especial prazer em compor as próprias canções e entoá-las.

Em 1996, a nossa família visitou a Austrália. De algum modo, ela não mais parecia a nossa pátria. Todos ficamos contentes em voltar ao único lugar que conhecíamos como "nosso lar", em Mayurbhanj. Para nós, era uma grande bênção servir numa missão tão maravilhosa, ajudando muita gente a viver com dignidade.

Aquela noite, de 22 de janeiro de 1999, foi apropriada ao que Graham refletia na maravilhosa vida que partilhávamos servindo ao Senhor. Ele e os meninos sempre apreciaram a excursão e o acampamento em Manoharpur. Graham estacionara o veículo perto da igreja; jantaram com alguns amigos e, então, voltaram à carreta. Acredito que enquanto Graham acomodava Philip e Timothy, e orava com eles, o seu coração estivesse cheio de alegria. Imagino-o louvando a Deus, enquanto puxava uma esteira de palha sobre a carreta, para proteger os meninos do vento frio. E então, deitou-se ao lado deles. Testemunhas oculares contaram-nos o que viram e ouviram.

Por volta da meia-noite, tambores começaram a bater próximo ao acampamento, cerca de cem metros, enquanto um grupo de jovens *santhals* balançavam-se numa tradicional dança dangri. Eles juntaram-se a outro grupo, liderado por Dara Singh, um desordeiro, cujo nome era bem conhecido nos registros da polícia, em toda a região. Aqueles jovens foram se exaltando até o delírio. A turba de cinqüenta ou sessenta, gritando enfurecidamente e com tochas nas mãos, convergiu para o acampamento, onde dormiam Graham e os nossos filhos. Ainda gritando, eles arrancaram a esteira que cobria o veículo e começaram a quebrar as janelas do caminhão, com paus e vergalhões. A frenética multidão bloqueou a saída de Graham e dos meninos, arrombou as portas do caminhão, e conforme se suspeitou mais tarde, espancou e perfuraram os três com tridentes. Enquanto Graham e os nossos meninos encolhiam-se agarrados num último abraço, alguém atirou um feixe de palha dentro da carreta, e a turba ateou fogo. Meu precioso marido e meus filhos foram envolvidos pelas chamas. Os assassinos permaneceram lá, vendo os três queimarem vivos e serem consumidos pelo fogo, juntamente com o veículo.

Os agressores haviam bloqueado também as cabanas dos aldeões, de modo que não puderam ajudar meu esposo e meus filhos. Quando Hansda, o motorista do caminhão e colaborador, conseguiu escapar e tentou jogar água no fogo, foi brutalmente espancado e afugentado. Mais tarde, relatando-me o seu horror e agonia, ele contou, soluçando: "Meus pais foram curados de lepra e viviam no centro de reabilitação. Eu nasci lá. Vocês trataram-me como a um filho. As nossas crianças brincaram juntas". Ele continuou chorando, e as suas lágrimas pingavam ao chão, enquanto eu tentava consolá-lo.

Vários aldeões, testemunhas oculares do acontecido, contaram ter visto um raio luminoso vindo do alto e pairando sobre a carreta em chamas. Creio que o meu esposo e os meus filhos foram especialmente fortalecidos pelo Senhor e os anjos do céu. Depois que a turba desvairada se foi, Gilbert Venz, um amigo da Austrália, pôde, finalmente, empurrar a barreira que lhe bloqueava a porta da cabana e correr até a carreta. Tudo o que encontrou foi a estrutura queimada e os três corpos. Ele contou que, embora estivessem carbonizados além do reconhecimento, Graham e nossos filhos estavam entrelaçados num abraço. Até na morte, haviam sido inseparáveis. Gilbert confessou: "Não podíamos acreditar no que víamos. Estávamos estarrecidos... Graham era a personificação do amor e da compaixão cristã. E os seus meninos – carinhosos e animados – costumavam brincar com os leprosos e seus filhos. Não há limites para a maldade humana?"

Muitas expressões de condolências vieram do mundo inteiro. O presidente da Índia, K. R. Narayanan, afirmou que esses assassinatos "pertencem ao inventário dos atos mais negros da humanidade". O editor Abhay Mokasi escreveu: "Graham Staines transformou pacientes leprosos em seres humanos, porque o tratamento que eles recebiam, até mesmo dos familiares, era pior que o dispensado aos animais. Os fundamentalistas hindus, responsáveis pela morte de Staines e seus dois filhos, deveriam saber que a perda dessas três vidas não é sentida apenas pela cristandade, mas pela humanidade inteira. Os leprosos hindus, a quem ele devotava a vida, perderam o seu salvador".

Devo confessar que a perda de Graham e de nossos filhos tem sido uma verdadeira prova à nossa fé. Esther e eu confortamos uma a outra, enquanto atravessamos o vale da sombra da morte. Quando os caixões enfeitados de flores chegaram, milhares estavam à espera para prestar homenagens a "Shahibu". Os residentes do leprosário estavam fora de si de tanta tristeza, e descobri que Esther e eu éramos as únicas que os podia consolar. Sentamo-nos no chão com eles, junto aos três esquifes, e muitos se juntaram a nós, enquanto partilhávamos versículos bíblicos e canções em *santhali*.

Lembro-me de haver notado as lindas rosas e dito: "Timothy gostava demais das rosas. Foi muita gentileza de vocês colocar tantas delas aqui".

No culto memorial, Esther declarou: "Louvo a Deus por haver considerado o meu pai digno de morrer por Ele". Ela e eu encontramos grande consolo em cantar juntas 'Porque Ele vive'. E tivemos a certeza de que as maravilhosas palavras daquele cântico eram verdadeiras".

Quiséramos renovar a confiança do povo da Índia. Disse-lhes que eu tinha uma única mensagem: "Não me sinto amarga. Também não tenho raiva. Posso perdoar os assassinos. Já os perdoei. Apenas Jesus pode perdoar-lhes os pecados. Mas eles terão de pedir-lhe que os perdoe. Tenho um grande desejo: que cada cidadão deste país estabeleça um relacionamento pessoal com Jesus Cristo, que deu a vida por seus pecados. Cada pessoa deve saber que Jesus a ama e, em troca, confiar nEle e empenhar-se em amar uns aos outros. Extingamos o ódio e espalhemos o amor de Cristo".

Diversas pessoas perguntaram-me se eu estava com medo dos grupos radicais, e se tinha planos de deixar a Índia. A minha resposta foi: "Por que eu deveria ter medo? Aqui as pessoas nos apóiam e nos amam. Não posso partir. Além de que, os leprosos precisam ser cuidados".

Embora eu recebesse um novo golpe em maio de 1999, quando a minha mãe passou para o Senhor na Austrália, ainda pude afirmar que, apesar de todas as provações, a minha fé em

Deus permanecia inabalável. Senti realmente a falta de Esther, quando ela retornou para continuar os estudos na Hebron School, distante de lá muitos quilômetros; contudo, o Senhor ajudou-me.

Uma vez que o meu esposo sempre fizera o trabalho de cinco pessoas, e eu era basicamente uma dona de casa, senti-me verdadeiramente desafiada. Todavia, pela graça de Deus, segui-lhe os planos e permaneci em Baripada, a fim de prosseguir com a obra. A minha oração continuamente é: "Senhor, não posso fazê-lo sozinha". Alegremente concordo com as palavras emolduradas num pôster de Graham: "O Senhor é a minha rocha, a minha fortaleza". E sei que nunca estou só.

Gladys Staines permaneceu em Baripada até 2004, planejando e levantando fundos para o Hospital Memorial Graham Staines, que agora foi concluído. Ela e Esther retornaram naquele ano à Austrália, onde Gladys cuida de seu pai de noventa e um anos, e Esther é uma universitária.

A World Evangelical Fellowship estima que, durante o século XX, mais de 150 milhões de cristãos perderam a vida pela fé, e ele ficará conhecido como "o século dos mártires".

Ao deixar a Índia, Gladys desafiou os que lá ficavam: "Sejam fiéis àquilo que foram chamados a fazer. Nunca cedam à tentação de voltar atrás; nunca digam 'desisto', mesmo que haja perseguições e perigos. E, à semelhança de Graham e de nossos filhos, acredito firmemente que servimos a um Deus digno de que morramos por Ele!"

Registramos nossa apreciação ao amigo Solomon Dinakaran, Whitefield, Índia, por sua ajuda em reunir informações para este testemunho.

2 

AQUIETAI-VOS E SABEI

Joyce Williams

Aquietai-vos, e sabei que eu sou Deus.
– Salmos 46.10

A nossa netinha, Lauren Beth, é um feixe de energia. Estamos desfrutando (penso eu) os "terríveis dois anos". Duas de suas palavras favoritas são "Não!" e "Meu!" Ela ainda está em construção — assim como a sua vovó.

Agora que me acho na casa dos sessenta, descobri que acompanhá-la é uma prova de resistência! Entendo o desejo de Sara, esposa de Abrão, de tornar-se mãe. Mas você pode imaginar o que é dar à luz um filho aos noventa anos — mamadas noturnas, treinar o uso do penico e perseguir um pequenino aprendendo a andar? Não me admira que ela tenha rido! Haveria aqui um toque de histeria?

Entretanto, freqüentemente encontro Lauren Beth sentada no chão, com o seu livro favorito aberto, enquanto ela o "lê". É a sua "hora tranqüila".

Posso ser totalmente honesta e confessar que estar sossegada não me é fácil? Com a minha personalidade tipo A, estou sempre iniciando um novo projeto sem terminar o anterior! Assim, introspecção e reflexão quietas são coisas que realizo deliberada e metodicamente.

Não me interprete mal. Amo os meus momentos devocionais com o Senhor. Descobri que o melhor horário para estar a sós com Ele é por volta das quatro horas da madrugada. Ninguém telefona, nenhuma campainha soa e o meu computador não anuncia "Você recebeu uma mensagem!" Então eu posso verdadeiramente ouvir aquela voz calma e suave, que me renova e me restaura como nada mais o faz.

O compasso febril e intenso do ministério pode roubar-nos o melhor de nosso devocional com o Senhor, qualquer seja o nosso tipo de personalidade. Uma vez que oração e estudo bíblico não sejam coisas para as quais devamos bater o ponto, podem ser relegados para último plano, se não formos cuidadosas.

Há ocasiões em que o Senhor chama-nos a atenção por meio de uma crise ou circunstância decisiva, e então nos envolve em um abraço especial. Os abraços divinos são marcas d'água que abençoam nossa vida.

Tive uma dessas pausas celestiais na sexta-feira que antecedeu o Dia do Trabalho, em 1997. Estávamos numa curva de nosso ministério pastoral. Gene havia pastoreado a nossa última igreja por mais de vinte e seis anos, somando mais de quarenta e sete anos de pastorado. Entretanto, ele havia atingido aquele mágico sexagésimo quinto aniversário, e havia algumas questões sobre a sua aposentadoria. As coisas eram inquietantes.

Além disso, a nossa filha Beth, que morava distante de nós mais de mil e quinhentos quilômetros, achava-se muito enferma, com lúpus. Eu a visitara diversas vezes, mas ela ainda estava muito doente.

A minha agenda de palestras para o outono estava lotada, de modo que eu tinha muita coisa a preparar. Isso e mais os compromissos regulares da igreja, como cultos, atividades e eventos especiais.

E ainda por cima, um grupo de hóspedes estava chegando, e ficaria conosco por vários dias. Eu tinha de cuidar para que a casa estivesse limpa, as camas arrumadas, e as refeições planejadas. Você conhece a rotina. Eu estava sobrecarregada.

Finalmente, por volta das duas horas daquela sexta-feira, eu disse algo que pode ser as palavras favoritas aos ouvidos de nosso Pai: "Eu não dou conta de fazer isso!" Apanhei a minha Bíblia e contornei o lago, atrás de nossa casa, dirigindo-me à pradaria cheia de girassóis dourados. Não havia ninguém à vista.

As lágrimas encheram-me os olhos, enquanto pedi: "Pai, por favor, o Senhor me ajudaria? Está difícil demais!" Sentei-me num canto relvoso, abri a Bíblia, e comecei a ler passagens assinaladas como especiais. Meu coração parou quando li: "Aquietai-vos, e sabei que eu sou Deus" (Sl 46.10). O versículo tocou-me como se eu o estivesse lendo pela primeira vez.

Esquecendo tudo o que eu tinha a fazer, fiquei sentada lá, aquecendo-me na quietude daquela ordem divina. Meu Pai estivera tentando, durante semanas, obter a minha atenção completa. E eu estivera ocupada demais para fazer uma pausa e ouvir. Enquanto Ele me cercava com a sua presença, senti o manto da exaustão escorregar-me dos ombros, e minha carga foi passada para Ele. Os minutos tiquetaquearam despercebidos, enquanto Deus sussurrava doces promessas ao meu coração.

Finalmente, era hora de ir. Enquanto me levantava e espanava os ciscos da roupa, contemplei o mar de girassóis ao meu redor. Uma brisa gentil os acariciava, e parecia que eles acenavam em confirmação da mensagem divina: *Deus cuidará de você e dos seus.*

Assim, anos mais tarde, noutro dia de trabalho ministerial intenso, pensei em Lauren Beth. Se uma criancinha ativa pode sentar-se para um momento de quietude, certamente a sua vovó pode seguir-lhe o exemplo.

Apanhei, então, o meu Livro favorito, e voltei à pradaria.

Oração: *Obrigada, Pai, por sua paciência e seu amor envolvente.*

Pensamento do dia: Indagada sobre o que acontecia quando orava, uma cristã respondeu: "Eu ouço". Quando lhe perguntaram o que Deus fazia, ela afirmou: "Ele ouve".

3 ESPERE – NÃO SE PREOCUPE

Joyce Baggott

Não se aflijam com nada; ao invés disso, orem a respeito de tudo; contem a Deus as necessidades de vocês, e não se esqueçam de agradecer-lhe suas respostas. Se fizerem tudo isto, vocês terão experiência do que é a paz de Deus, que é muito mais maravilhosa do que a mente humana pode compreender. Sua paz conservará a mente e o coração de vocês na calma e tranqüilidade, à medida que vocês confiam em Cristo Jesus.
– Filipenses 4.6,7 (Bíblia Viva)

Senti-me devastada, enquanto repassava, mentalmente, o que o médico me dissera aquele dia no hospital, em Columbia, na Carolina do Sul. Barney, o meu esposo, fora diagnosticado com uma doença inespecífica, e tinha apenas de seis a nove meses de vida! A medonha enfermidade estava lhe atacando os pulmões e outros tecidos do corpo.

A minha mente cambaleava, não só com a idéia de perder Barney, mas com tudo o que eu teria de enfrentar se fosse deixada sozinha com Paula e Julie, nossas menininhas. O nosso mundo estava desintegrando-se.

Uma vez que estávamos no ministério desde que nos casáramos, não tínhamos casa própria, éramos jovens, e fora impossível economizar para o futuro, conforme esperávamos. Agora, parecia que eu estava enfrentando sozinha esse futuro.

Os médicos não queriam que Barney soubesse quão sério era o seu estado, e pediram para não partilhar a chocante notícia com a igreja ou a família. Os pais de Barney eram doentes cardíacos. A sua saúde frágil não suportaria o trauma emocional, que poderia ser precipitante. A minha mãe falecera quando eu tinha vinte e dois anos. O meu pai casara-se novamente e mudara-se para longe, a fim de estar perto da família de sua nova esposa. Embora nos comunicássemos apenas raramente, contei-lhe o que se passava.

Durante duas semanas, eu deixava Paula e Julia com uma amiga, e ia para o hospital, sentar-me com Barney. A sua febre era tão alta, que às vezes ele não me reconhecia. O meu coração ansioso palpitava de angústia pelo desconhecido. Sentia-me impotente. Nada havia que eu pudesse fazer para ajudá-lo, a não ser orar. Eu agonizava pelas mudanças iminentes em nossa vida e envolvia-se em preocupações pela situação de Barney, de nossas filhas e de nosso futuro.

Duas noites antes que o hospital liberasse Barney, eu estava lendo Filipenses 4.6,7 na Bíblia Viva. Compreendi que eu gastava um tempo precioso me preocupando, e não estava confiando em Deus quanto à situação de minha família. Afinal, Ele sabia, melhor que eu, o que se passava.

Naquela noite, comprometi-me, com a ajuda de Deus, a não me preocupar com *nada.* Parece impossível, mas toda vez que eu me sinto inclinada à preocupação, cito os versículos bíblicos que Deus me deu naquela noite.

Não lhe digo que não me inquieto a respeito de certas coisas, porque não seria verdade. Deus, porém, tem-me revelado que quando não tenho controle sobre uma situação, preocupar-me é inútil, além de ser uma ferramenta do Diabo para consumir-me o tempo.

Poucos dias depois, deixei as meninas na casa de minha amiga e fui ao hospital buscar Barney. Quando entrei em seu quarto, os médicos estavam com ele. Barney estava pronto para sair. Contudo, os médicos pediram que eu me sentasse, pois tinham uma nova informação a dar-me. Temerosa, acomodei-me na ponta de uma cadeira.

Eles partilharam conosco o quadro completo: haviam se enganado no diagnóstico de Barney. Sua doença era idêntica ao câncer, mas não maligna. Barney iria recuperar-se. A sentença de morte fora suspensa!

Puxa! Nunca pensei que dois minutos de conversa pudessem ter um impacto capaz de mudar a vida. Respirei profundamente. "Júbilo" não é uma palavra suficientemente forte para descrever-me os sentimentos naquele momento! Deus estivera conosco durante tudo aquilo.

A Palavra de Deus é muito rápida e poderosa. As promessas que Ele me fez foram exatamente o que eu precisava para atravessar aquela traumática experiência. Elas continuam a sustentar-me na caminhada diária com Ele. Muitos anos se passaram desde esse episódio. Posso dizer, verdadeiramente, que a minha fé não tem vacilado. Embora tenhamos enfrentado muitas outras crises — algumas que nos ameaçaram a vida — posso realmente deixar a preocupação para trás. A chave é esperar em Deus.

E na espera — não na preocupação — eu entrego totalmente o controle ao meu Senhor e Salvador.

Oração: *Obrigada, Jesus, por me ensinar a entregar-lhe o controle. É em minhas horas tranqüilas e silenciosas que o Senhor confirma a sua paz em meu coração.*

Pensamento do dia: A fé simples pode remover o denso véu que, às vezes, parece separar-nos da face de Deus. A fé e a confiança andam de mãos dadas. Precisamos aprender a não nos preocupar com *nada*. Em vez disso, devemos esperar nEle.

4

UM LUGAR SEGURO

Sheila Bird

A minha graça é tudo o que você precisa, pois o meu poder é mais forte quando você está fraco.
– 2 Coríntios 12.9 (NTLH)

Como esposa de pastor, você já se fez perguntas como estas: "Onde é o meu lugar seguro?" "Aonde eu vou, quando a vida trouxer mais coisas do que posso suportar?" "Com quem posso falar?" Encaremos os fatos: a vida ministerial traz muitos obstáculos ao nosso relacionamento com o esposo, os filhos, os membros da igreja, patrões e cooperadores.

Obviamente, temos de nos voltar ao Senhor. Mas naqueles momentos em que ficamos em silêncio por não acharmos palavras para orar, temos a promessa de que o Espírito Santo intercede por nós. (Veja Rm 8.26.) Nessas ocasiões, Deus tem me ensinado que o importante é o fato de a sua graça ser suficiente para o que vier.

Estamos em muito boa companhia. Paulo sentia-se do mesmo modo acerca de algumas coisas em sua vida. A respeito do que chamou de "espinho na carne", o apóstolo escreveu:

Três vezes orei ao Senhor, pedindo que ele me tirasse esse sofrimento. Mas ele me respondeu: "A minha graça é tudo o que você precisa, pois o meu poder é mais forte quando você está fraco". Portanto, eu me sinto muito feliz em me gabar das minhas fraquezas, para que assim a proteção do poder de Cristo esteja comigo. Eu me alegro também com as fraquezas, os insultos, os sofrimentos, as perseguições e as dificuldades pelos quais passo por causa de Cristo. Porque, quando perco toda a minha força, então tenho a força de Cristo em mim. (2 Co 12.8-10, NTLH)

Não é verdade que, muitas vezes, é a nossa fraqueza que perpetua a nossa angústia? Por que não corremos a Jesus e deixamos que Ele nos segure? Temos visto as gravuras das crianças subindo ao colo de Jesus, só para sentir-lhe os braços à sua volta. Por que temos tanto medo de ir lá também? Lemos em Lucas 18.15-17 (ARA):

Traziam-lhe também as crianças, para que as tocasse; e os discípulos, vendo, os repreendiam. Jesus, porém, chamando-as para junto de si, ordenou: Deixai vir a mim os pequeninos e não os embaraceis, porque dos tais é o reino de Deus. Em verdade vos digo: Quem não receber o reino de Deus como uma criança de maneira alguma entrará nele.

Muitas vezes, não queremos incomodar o Senhor com as nossas inquietações — especialmente quando nos sentimos responsáveis por elas. Deus tem me ensinado a subir em seu colo como uma criança, a pôr os braços à volta de seu pescoço, e encontrar ali segurança e descanso, enquanto Ele envolve-me em seu amor ilimitado. Nas ocasiões em que não sobra muito de mim, tenho aprendido a, verdadeiramente, deixar que Ele me ame. Sei que não o estou aborrecendo quando sinto o seu conforto, o seu amor, a sua paz, a sua companhia e a sua graça permear cada fibra do meu ser.

A solidão é dissipada? Até certo ponto. Os relacionamentos desafiantes, as circunstâncias difíceis e as contas a pagar desaparecem? Não necessariamente! Eu sempre mantenho a boca fechada quando deveria? Claro que não! A vida ganha nova força? Absolutamente! Por quê? Porque Deus é Deus, e Cristo diz que Ele é tudo o que eu preciso.

Esse conforto desafia-me a prosseguir diariamente em direção à eternidade, para findar esta carreira na terra com o mínimo possível de ferimento nos joelhos, braços quebrados e amputações. Descobri que devo enfocar, reenfocar e cambalear em direção ao meu prêmio celestial, um dia, um momento, um segundo de cada vez. É a sua força, a sua graça e o seu amoroso cuidado que me encorajam a dar mais um passo.

Sou grata ao nosso Pai por ver-me e amar-me como sou. Imagino-o lá, esperando por mim de abraços abertos, porque aprendi a aceitar-lhe o conforto nesta vida. Ele está aplaudindo e torcendo por mim, juntamente com os outros santos, esperando que eu cruze a linha de chegada, para dar-me as boas-vindas ao meu Lar eterno. Mal posso esperar para ouvi-lo dizer: "Muito bem, minha serva boa e fiel", e ver o sorriso em sua face, enquanto Ele me arrebata, me levanta no ar, e diz: "Você conseguiu!"

Devemos nos agarrar hoje a essas palavras de esperança, conservando os olhos fixos em Jesus, enquanto corremos a nossa carreira de fé. A despeito do que a vida traga, temos de prosseguir adiante, com a dignidade e a graça que somente Ele pode prover.

Oração: *Obrigada, Pai, porque os seus braços estão sempre abertos.*

Pensamento do dia: Uma simples vida quebrada, confiada ao amoroso Pai celeste, pode ser consertada por seu terno cuidado.

5

UM PERDOADOR PERDOADO

Cindy Blasdel

Ouvistes que foi dito aos antigos: Não matarás; mas qualquer que matar será réu de juízo. Eu, porém, vos digo que qualquer que, sem motivo, se encolerizar contra seu irmão será réu de juízo, e qualquer que chamar a seu irmão de raca será réu do Sinédrio; e qualquer que lhe chamar de louco será réu do fogo do inferno.
– Mateus 5.21,22

O nosso pastor vinha pregando sobre o livro de Mateus. Após a terceira semana, no capítulo 5, ouvi-o falar enfaticamente sobre o perdão. Eu disse-lhe, brincando, que não voltaria se ele falasse do assunto outra vez. Precisei de muito tempo para que o meu coração amolecesse o suficiente, e Deus pudesse falar comigo francamente.

Vários anos antes, eu me mudara para esta igreja, vinda de uma cidade que eu amava ternamente. Eu tinha amigos muito chegados lá, e fizera parte de dois grupos de "Mães em Contato" em minha vizinhança. Amava os meus alunos de piano, alguns dos quais eu ensinara por mais de dez anos. Eu estivera envolvida no ministério da música em nossa igreja, onde o meu marido fora ministro de louvor por mais de onze anos. Então as coisas mudaram a ponto de não mais podermos ficar. A nossa família estava devastada. Francamente, eu estava muito zangada.

O nosso filho mais velho estava no último ano do Ensino Médio quando tudo isso aconteceu, então decidimos que ele permaneceria lá para completar o curso. Steve começou a trabalhar em sua nova posição ministerial no dia primeiro de novembro. As crianças e eu mudamo-nos na semana do Natal. O clima igualava-se ao meu humor — chuva gelada. Eu tinha amargura demais em meu coração.

Passei o primeiro mês desempacotando, pintando cômodos e chorando todos os dias. Eu ansiava pelo toque do telefone. Eu queria alunos de piano. Eu desejava amigos. Como uma pessoa de grande energia, eu queria alguma coisa — qualquer coisa — para fazer!

Então, uma querida senhora veio a mim e ofereceu: "Se precisar de uma amiga, sou eu". De certo modo, tomei ao pé da letra as suas palavras. Comecei a ensinar piano outra vez. Envolvi-me em nossa nova igreja. Fui convidada a lecionar música na faculdade onde eu me graduara. Depois de muita oração, e com grande temor, assumi a posição. Que deleite! De repente, eu tinha um monte de coisas que adorava fazer.

Contudo, quando eu pensava em nossa igreja anterior, era com amargura que o fazia. Depois daqueles sermões sobre Mateus, Deus continuou a ser o "Cão de Caça do Céu", enquanto examinava a feiúra do meu coração.

Finalmente, fui capaz de dizer ao Senhor: "Pequei. Por favor, perdoe-me". Achei que ficara tudo bem, mas Ele não me deixaria sair do anzol tão facilmente. Comecei a compreender que eu precisava escrever cartas, pedindo o perdão de algumas pessoas contra quem eu havia pecado. Novamente, aquilo levou um bom tempo.

Mas Deus é fiel. Ele continuou me amando e trazendo-me textos à memória. Um deles foi I João 4.20,21: "Se alguém diz: Eu amo a Deus e aborrece a seu irmão, é mentiroso. Pois quem não ama seu irmão, ao qual viu, como pode amar a Deus, a quem não viu? E dele temos este mandamento: que quem ama a Deus, ame também seu irmão".

Então, escrevi cartas pedindo perdão por minha atitude e minhas ações. Eu era capaz de dizer aos amigos daquela cidade: "Passou. Deus está curando minhas emoções".

Pouco depois de nos mudarmos para cá, a minha mãe precisou de assistência, e nós a trouxemos para perto. Foi uma honra servi-la durante os sete anos finais de sua vida, enquanto a sua saúde se deteriorava, e eu fiquei muito contente em poder estar com ela em seus últimos dias.

Esta é a cidade onde o meu esposo cresceu, e nós restabelecemos o contado com os familiares. O nosso primogênito encontrou a sua esposa em nossa igreja, nossos outros filhos fizeram amigos maravilhosos, e eu também. Gosto imensamente de ensinar música na faculdade, e sinto-me realizada de muitas maneiras. Não apenas leciono, mas também sou conselheira e mãe de muitos alunos.

Deus é tão misericordioso! É revigorante estar limpa perante Ele. Fui perdoada, e então posso perdoar também.

Oração: *Obrigada, Pai, por não me julgar como julgo os outros. Sou-lhe muito grata por não haver desistido de mim.*

Pensamento do dia: Servimos ao Deus da segunda oportunidade.

6

ASAS PARA O MINISTÉRIO

Sally Bond

Fala com sabedoria, e a instrução da bondade está na sua língua.
– Provérbios 31.26 (ARA)

Seu nome era Velda. Ela era uma experimentada esposa de pastor, quando, juntamente com o marido, uniu-se ao nosso time pastoral. Meu esposo e eu éramos jovens — jovens demais — para pastorear uma igreja com 1.000 membros. Jim tinha vinte e nove anos, e eu, vinte e cinco.

Eu era uma esposa de pastor jovem e insegura, e meus sentimentos de inadequação eram alimentados pelo respeito e admiração que eu nutria pelas mulheres que nos haviam precedido no ministério daquela igreja. Além disso, eu não tocava piano, e sabia o que se esperava da esposa de um ministro naquele tempo. Eu não tinha um ministério específico na igreja. Encontrei um monte de coisas que eu não podia fazer, e, freqüentemente, concentrava-me em minhas inabilidades. Achava-me suplantada pelos desafios. Então Velda entrou em minha vida.

Velda deu-me as asas para o ministério. Ela ensinou-me que nem todas as esposas de pastores encaixam-se no estereótipo que se criou delas. Ela caminhou ao meu lado e afirmou em mim qualidades de caráter que podiam se tornar arrimos no ministério. Viu em mim coisas que eu mesma não via. Ao ouvir um comentário favorável a meu respeito — talvez alguma pequena coisa que eu fizera por trás dos bastidores — ela o passava para mim com uma observação como: "Oh, Sally, não vê como é especial ter o privilégio de encorajar?" Enquanto eu buscava ter uma performance em público, ela afirmava minhas aptidões naturais e meus talentos dados por Deus. Velda compreendia que a realização viria quando eu me tornasse a pessoa que Deus me criara para ser.

Ela sabia que eu tinha uma personalidade amorosa e divertida, e apreciaria ter pessoas à minha volta. Embora gostasse de estar com as pessoas, eu relutava em recebê-las em minha casa, porque sentia que não poderia fazê-lo num estilo que complementasse o ministério de Jim. Velda começou a convidar-nos à sua casa quando oferecia uma recepção. Pedia para eu ajudar na cozinha, discutia comigo o menu, partilhava receitas e sempre conversava com os convidados de maneira graciosa.

Eu observava que Velda realmente ouvia as pessoas quando estavam numa conversa. Sempre me surpreendia ao ver como ela se lembrava de informações importantes sobre as pessoas, demonstrando por elas sincero interesse. Ela era um modelo para mim — mostrando-me como agir — e o fazia de modo divertido.

Todos os que conheciam Velda reconheciam ser ela uma mulher que vivia com Deus. Eu desejava ser igual a ela. Um dia, confessei-lhe: "Eu gostaria de ser igual a você. Você tem compreensão do mundo. As suas orações são significativas e úteis".

Ela replicou: "Sally, é só uma questão de tempo. Dê a Deus a oportunidade de fazer a obra em sua vida". Quando ela ia à frente orar por alguém, eu procurava ajoelhar-me perto só para aprender a ajudar quem precisasse.

Que legado Velda Hartley deixou ao meu coração! Tenho procurado perpetuar-lhe o ministério, mostrando o mesmo espírito de amor, cuidado, bondade, sabedoria e compreensão.

Agora, gosto muito de estar ao lado de jovens esposas de pastores, com abraços, afirmação e palavras de encorajamento.

A minha oração é para que elas também aprendam a estender as asas, e elevar-se em todo o potencial que Deus lhes planejou para o ministério.

Oração: *Obrigada, Pai, por enviares alguém que me desse asas para eu me elevar a ti. Ajuda-me a ser uma encorajadora para as esposas de pastores, que hoje necessitam ser afirmadas e levantadas por ti.*

Pensamento do dia: Palavras de sabedoria e encorajamento são investimentos no Banco do Céu. Os dividendos são eternos.

7

FRUTOS DO NOSSO LABOR

Vonette Bright

Sede firmes e constantes, sempre abundantes na obra do Senhor, sabendo que o vosso trabalho não é vão no Senhor.
– I Coríntios 15.58

Nós esposas de pastores nunca sabemos o que o Senhor fará por nós a cada dia. Às vezes, acontece de ganharmos um cupom inesperado, por conta de um ministério de anos atrás.

Ainda me recordo daquele belo dia primaveril, na Carolina do Norte. Para minha surpresa, eu fora convidada a ser a paraninfa da cerimônia de formatura, em uma escola cristã. Em muitas ocasiões, eu temera que estivessem me convidando apenas porque Bill, a quem realmente queriam, não se achasse disponível. Dessa vez, porém, eles realmente queriam a mim.

Minhas anotações estavam dentro de minha Bíblia. Quando chegamos ao auditório, fui escoltada ao meu lugar na plataforma. Ao olhar em volta, senti-me honrada em me sentar com os membros da faculdade e com outros que haviam dedicado suas vidas a transmitir aos jovens os ensinamentos do Senhor. Era comovente ver o radiante amor de Cristo permeando o auditório, enquanto pais orgulhosos sorriam, e alunos animados tomavam os seus assentos.

Prendemos a respiração, enquanto a oradora subia os degraus para fazer o seu discurso, em sapatos de salto alto, do tipo desaconselhado pelos ortopedistas. Ela era linda. Seus cabelos marrons, sedosos e brilhantes fluíam de sob o capelo. Era emocionante olhar para ela, enquanto discursava graciosa e entusiasmadamente. Ela possuía aquele equilíbrio e presença que exalam o amor de Deus.

Para minha surpresa, ela fez uma pausa, virou-se para mim e começou a expressar a sua gratidão por eu ser parte de sua cerimônia de graduação. "Quero que a senhora saiba o quanto é oportuna a sua presença em minha formatura", disse ela. "Meu pai e minha mãe receberam a Cristo no campus da universidade, durante a *Campus Crusade for Christ (Cruzada Campus para Cristo)*, e se encontraram numa conferência estudantil, em Arrowhead Springs. E agora, aqui estou eu, a geração seguinte, vivendo de um legado de fé."

Fui tocada por aquele testemunho. Muitas vezes, não vemos os frutos de nosso labor. Que grande bênção é ver o resultado tangível de um investimento que fizemos muitos anos antes! Foi jubiloso ver uma segunda geração de fiéis, com a vida à sua frente, ávida por descobrir tudo o que Deus planejara para ela.

Muitos anos antes, o Senhor dera a Bill, meu esposo, uma grande visão. Agora, a recompensa por todos os anos de trabalho que ele, eu e nossa maravilhosa equipe tivéramos o privilégio de realizar achava-se encapsulada nessa linda moça.

Retornando ao seu discurso, ela desafiou outros alunos a entesourar as bênçãos da educação cristã que haviam recebido. Incentivou-os a estimar o relacionamento uns com os outros, e a conservar os valores que lhes haviam sido instilados por seus pais e professores. O rosto dela irradiava um entusiasmo contagiante e um genuíno amor a Jesus.

Quando chegou a minha vez de falar, sussurrei uma oração silenciosa. Eu queria muito ser usada pelo Espírito Santo para infundir, no coração daqueles queridos alunos, a alegria duradoura e o entusiasmo pelo Senhor.

Enquanto lhes falava, fui dominada pela alegria da colheita. Algumas das sementes por nós plantadas apresentavam agora o seu fruto, naquela jovem preciosa.

O nosso Senhor prometeu que, se lhe rendermos totalmente as nossas vidas, o nosso trabalho não será em vão. Orei para que os alunos enxergassem, naquele dia, a viva manifestação do que Deus pode fazer quando lhe entregamos completamente o coração.

Ao recordar-me agora daquele dia maravilhoso, o meu coração envia um abraço virtual àquela doce jovem, esteja ela onde estiver. Que todos aqueles que a encontrarem nos caminhos da vida partilhem dos substanciosos frutos de sua fé.

Oração: *Obrigada, Senhor, pelos tesouros eternos que colhemos, ao investir no Reino do céu.*

Pensamento do dia: Os frutos da colheita de almas são verdadeiramente doces.

8 O DEUS QUE NÃO A ESQUECERÁ

Jennifer Buettner

...não esquecerei de ti. Eis que, na palma das minhas mãos, te tenho gravado; os teus muros estão continuamente perante mim.
– Isaías 49.15,16

Em 2001, estávamos num processo de mudança de nossa igreja, e construindo um novo prédio. Deus havia sido extremamente bom para conosco. Em 1993, o meu esposo Harlan e eu começáramos a pastorear uma igreja com 275 membros. Arregaçáramos as mangas e puséramos mãos à obra. Deus abençoou-nos com inúmeros milagres, e a igreja logo cresceu para mais de 500 pessoas.

Em 1999, sentimos que era hora de mudar. O prédio de nossa igreja foi vendido sem propaganda, embora houvesse no mercado cinco outros sendo oferecidos. Um membro adiantou-se e comprou um terreno onde podíamos construir. Milagres acontecem.

Durante a transição, a nossa congregação adorava a Deus num cinema, pintado de rosa! Pode Deus abençoar uma igreja que se reúne num cinema cor-de-rosa? Ele o fez!

O nosso povo trabalhou duro. Tínhamos três trailers de dez metros, lotados de equipamentos, que precisavam ser instalados todos os domingos de manhã. Às 5:30h, trazíamos os sistemas de som e de iluminação, a plataforma, os instrumentos musicais, o telão, tudo o que fosse necessário ao culto. Montávamos o berçário na sala de jogos, e a lanchonete tornava-se a nossa recepção. As classes da Escola Dominical reuniam-se nas salas menores, enquanto o culto era feito no salão principal. Por volta das 7 horas, estávamos testando o som e ensaiando o coral. Às 8 horas, já estávamos prontos. O primeiro culto começava às 8:30h.

Que cultos abençoados! Ambos eram cheios de energia e entusiasmo. Pessoas que nunca tinham ido a uma igreja tradicional vinham participar.

Tínhamos de desocupar o cinema antes das 12:30h, quando começavam as matinês. Às vezes, durante o apelo do segundo culto, podíamos sentir o cheiro da pipoca sendo preparada pelos funcionários do cinema. Precisávamos de ao menos quarenta e cinco minutos para desmontar tudo, carregar os trailers e nos retirar.

Os esforçados membros de nossa igreja achavam-se entusiasmados com o início da construção. Esperávamos estar no novo templo no verão de 2002.

Mas então veio o 11 de setembro de 2001. A nação inteira entrou, repentinamente, em choque e lamento. Embora estivéssemos tristes, não esperávamos que a nossa cidade, no Meio Oeste, fosse tão afetada. Enganamo-nos! A indústria aérea foi devastada pela tragédia, e as pessoas foram tremendamente impactadas. Numa cidade conhecida como "a capital aérea do mundo", as fábricas de aeronaves são as principais empregadoras.

Tínhamos acabado de iniciar a construção. A nossa cidade foi a segunda mais afetada economicamente pelo 11 de setembro. A nossa igreja sofreu um abalo financeiro, porque o nosso povo simplesmente não podia mais contribuir tanto quanto gostaria, por causa das dispensas temporárias de empregados e outros fatores. Halan e eu tivemos problemas de insônia.

Lembro-me de haver clamado a Deus em voz alta: "O que vamos fazer? Demos um passo de fé, crendo que fosse a tua vontade, demonstrada em todos os milagres. E agora, isto! Por favor, mostre-nos o que fazer". Comecei a ficar estressada, pensando em nossa crise o tempo todo, obsessivamente. E se Deus não se manifestasse? E se não obtivéssemos o milagre financeiro de que carecíamos?

Então, um dia, quando eu estava tendo a minha hora tranqüila, Deus guiou-me a Isaías 49. Li o versículo que fala: "Mas Sião diz: Já me desamparou o Senhor; o Senhor se esqueceu de mim" (v. 14). Pensei: *Sinto-me exatamente assim.* Mas continuei e li a resposta do Senhor: "Pode uma mulher esquecer-se tanto do filho que cria, que se não compadeça dele, do filho do seu ventre? Mas, ainda que esta se esquecesse, eu, todavia, me não esquecerei de ti. Eis que, na palma das minhas mãos, te tenho gravado; os teus muros estão continuamente perante mim" (vv. 15,16).

Que conforto isso me trouxe! Deus nunca nos esquecerá nem nos deixará. Recordo-me de ter ficado pensando na frase "Eis que nas palmas das minhas mãos te gravei". Não há como se esquecer de alguém gravado em nossa palma. A pessoa está sempre lá!

As coisas ficaram mais fáceis depois disso? Não imediatamente. Todavia, cada vez que eu começava a preocupar-me e a cogitar se Deus estava ciente de nossa situação, lembrava-me da promessa. E o Senhor ajudou-nos a passar por aquilo.

Alegra-me que os nossos nomes estejam gravados nas mãos que nos guiam.

Oração: *Obrigada, Pai, por jamais nos deixar ou nos esquecer, especialmente em tempos difíceis.*

Pensamento do dia: Ao seguirmos a vontade de Deus, podemos atravessar alguns períodos escuros, porém jamais ficamos sem a sua luz.

9 NÃO SEI QUEM SOU

Myrna Buhler

[Ele] chama pelo nome às suas ovelhas e as traz para fora.
– João 10.3

Tenho conversado com muitas esposas de pastores, ao longo dos anos, e sempre lhes pergunto: "Às vezes você se sente como se não mais soubesse quem é?" Na maioria das vezes, a resposta é um ressonante "Sim!" Parece acontecer especialmente com mulheres que não trabalham fora, e são cooperadoras de tempo integral no ministério do esposo.

Sou uma dessas, e na maior parte do tempo, gosto muito de quem sou e do que faço. É um prazer desempenhar um papel de suporte ao ministério de Brian, meu marido. Ser pastor, em nossos dias, não é trabalho fácil. Portanto, aprecio a tarefa de fazer de nosso lar um lugar seguro para Brian. E gosto dos ministérios que lidero em nossa igreja. Acredito estar no posto em que Deus me quer.

Contudo, após ser apresentada como "a esposa do pastor" pela quinta vez, sem menção do meu nome, pude sentir que o meu valor acha-se conectado apenas a Brian e ao que ele faz. Outro exemplo é quando me perguntam o que faço, e logo se diz que o meu marido é pastor. Às vezes, sou indagada apenas a respeito de meu esposo, o que ele faz e do que gosta. É fácil sentir que o meu merecimento é unicamente por seu ministério.

Não obstante, as questões mais difíceis são aquelas sobre o que eu gosto de fazer, ou quais as minhas predileções à parte da igreja, e eu descubro que tudo que é significativo para mim acha-se ligado a meu esposo, minha família ou à igreja. De repente, tenho a sensação de não mais saber quem sou, e de que fui engolfada na vida de meu marido.

Todavia, sei aonde ir para descobrir quem sou. Jesus não me chama de "esposa do Brian", ou "mãe de Grady, Charlie e Annie". Não sou apenas a sogra de Carly e Becky. Não sou apenas a irmã ou a líder da igreja. João 10.3 diz que Jesus chama a cada um de nós pelo nome. Ele me chama de Myrna.

Descobri que gosto muito de ser chamada pelo nome; apenas o meu nome. Quando alguém chama o meu nome, não é por que deseja alguma coisa de mim? Então, o que Jesus quer de mim quando me chama pelo nome? Acredito que Ele deseja que eu venha e jante, venha e beba, venha e sente, venha e ouça, venha e seja apenas *eu*.

João também afirma que Jesus é o Bom Pastor, e que Ele conhece as suas ovelhas, e elas o conhecem. Sou uma de suas ovelhas, e não é apenas o meu nome que Ele sabe — Ele conhece a *mim*. Davi escreveu: "Senhor, tu me sondas e me conheces" (Sl 139.1 – ARA).

Quando me esqueço de quem sou, vou àquEle que me conhece por dentro e por fora. Ele entende o que é ser esposa de pastor, compreende como me vejo num aquário, e sabe de todas as realidades e expectações com que vivo. Ele percebe as pessoas que desejam se aproximar de mim só para que eu repasse certas coisas ao meu marido. Ele nota que sou convidada a certos lares, porque fica bem ter a esposa do pastor por lá. Ele compreende quando as mulheres não me chamam para ir ao shopping, por pensarem que esta não seja uma atividade suficientemente espiritual.

Mas quando respondo ao seu chamado, sei que posso ser, verdadeiramente, eu mesma. Não tenho de fingir, e não preciso tomar cuidado com o que falo ou com o modo como falo. Posso partilhar meus sentimentos; posso expressar a minha dor e as minhas mágoas; e posso externar a minha alegria e empolgação por algo que o Senhor tenha provido por ser eu a esposa do pastor. Não preciso estar bem vestida, se não quiser. Ele sabe o meu nome e me conhece... simplesmente como sou.

Oração: *Senhor, ajude-me a lembrar que não importa o que eu sou, mas quem sou.*

Pensamento do dia: Quando nos esquecemos de quem somos, Jesus nos sussurra: "Eu sou teu, e tu és minha". Ouça-o chamar o seu nome.

10 CORDEIROS NO APRISCO

Joyce Williams

Porque eu contenderei com os que contendem contigo e os teus filhos eu remirei.
– Isaías 49.25

Aconteceu de novo hoje. Ao dobrar as roupas lavadas, notei que faltavam duas meias. Eu estava esperando a visita de alguns amigos, e tinha um milhão de coisas a fazer. Que irritante! Aonde vão parar todas essas meias? Deve haver, nalgum lugar, uma enorme montanha de meias!

No vasto contexto das coisas, sei que o misterioso desaparecimento de meias não é algo tão importante. No ministério, porém, os dias costumam ser cheios até a borda. Assim, o "caso do desaparecimento das meias" torna-se mais um item irritante na lista sempre crescente.

Determinada a encontrá-las, arrumei novamente as roupas e tornei a verificar na lavadora e na secadora. Nada! Aquilo estava virando um grande mistério. A detetive em mim queria encontrar aquelas meias.

Enquanto continuava a busca, refleti sobre a conversa que tivera com uma esposa de pastor, que se achava de coração partido.

Gene e eu havíamos sido palestrantes em retiros para casais de obreiros. Não foi preciso muito tempo para compreendermos que muitos desses casais estavam sofrendo. Em nosso trabalho com o *Shepherds' Fold Ministries* (Ministérios Ovelhas Perdidas) para famílias clericais, Gene e eu descobrimos que a tristeza mais compartilhada entre os casais de pastores é aquela pelos filhos afastados do Senhor.

O cordeiro daquela mãe estava perdido.

Com profundo desgosto, ela confidenciara que o seu filho estava destruindo a si mesmo com drogas e jogatina. As lágrimas pingavam de seus olhos enquanto ela partilhava a sua dor. Suas palavras angustiadas faziam eco a muitas outras enquanto ela chorava: "Ele está tão perdido! O que poderíamos ter feito de diferente? O que podemos fazer por ele? Existe alguma esperança?"

Depois de ouvir por algum tempo, partilhei com ela uma promessa que o Senhor me dera anos antes, de Isaias 49.25: "Porque eu contenderei com os que contendem contigo e os teus filhos eu remirei". Pondo o braço à volta de seus ombros, orei com ela.

Prossegui, então, lembrando-lhe que o Espírito Santo, o "Cão de Caça do Céu", busca, persistentemente, os nossos entes queridos. Como é reconfortante imaginá-lo à procura de nossos cordeiros, não importando o quão longe eles vagueiem!

Com lágrimas correndo em nossas faces, concordamos em orar presumivelmente, antecipando o dia quando o seu cordeiro voltaria ao lar. Coloquei-lhe na mão um pequenino cordeiro de porcelana, para que ela levasse consigo, como uma recordação tangível do cuidado de nosso Bom Pastor. Recordei-lhe que Ele nunca desiste, mas está sempre perseguindo. O Cão de Caça do Céu consegue ir aonde não conseguimos, pode ser o que não podemos, é capaz de fazer o que não somos capazes, e diz o que não dizemos. Quando ela se foi, apertando nas mãos o seu bibelô, vi em seu semblante um pálido raio de esperança.

Ao guardar a última peça de roupa lavada, o meu coração já estava aquecido pela reflexão sobre a paciência de nosso fiel

Bom Pastor. Ele não se satisfaz com as noventa e nove, mas vai atrás da última que se acha perdida. (Veja Lc 15.1-7.) Parada ali, pude visualizar os nossos cordeiros correndo para os seus amorosos braços abertos. Que dia não será!

Bem, a minha persistência foi recompensada. Finalmente, encontrei uma das meias pródigas socada no canto de um lençol de elástico. Foi gratificante uni-la ao seu par e guardá-la na gaveta, com as outras da mesma cor.

Como é confortante saber que o Cão de Caça do Céu procura os nossos cordeiros até nos cantos mais escuros de suas vidas! O nosso Senhor tem-lhes reservado um lugar especial em seu aprisco. E quando eles retornam das longínquas terras de suas perambulações, há uma festa no céu em sua homenagem! Jesus falou-nos disso em Lucas 15.10: "Assim vos digo que há alegria diante dos anjos de Deus por um pecador que se arrepende".

O nosso rogo, consolo e esperança é que, algum dia, nos regozijaremos no Reino celestial, quando os nossos cordeiros serão trazidos de volta ao redil.

Oração: *Obrigada, Bom Pastor, por buscar todos os nossos cordeiros, e pela esperança eterna que nos dá. Regozijamos juntos, antecipando a celebração vindoura.*

Pensamento do dia: Como o nosso Bom Pastor, o Senhor sabe exatamente onde os nossos cordeiros estão, quando se acham fora do aprisco. Por favor, mantenha-os perto, guarde-os em segurança, e traga-os para o lar. Confiamos em sua agenda, não na nossa.

11

MUDANDO-SE PARA A VIZINHANÇA

Rachel Crabb

A Palavra se tornou um ser humano e morou entre nós.
– João 1.14 (NTLH)

Quando os nossos meninos eram pequenos, um e três anos, estávamos no início de nosso ministério e tínhamos acabado de ser transferidos para outro Estado, com um clima muito diferente, e uma comunidade totalmente nova e desconhecida. Após vários meses morando num apartamento e procurando casa, estabelecemo-nos numa vizinhança e começamos o que seria o nosso segundo projeto de construção, numa longa sucessão de mudanças.

O problema era que eu não queria morar num terreno de esquina — demasiadamente acessível a cães, invasores e barulho — mas que era um dos poucos lotes restantes, numa vizinhança familiar e que cabia em nosso orçamento. Para mim, ficar entocada em casa com dois menininhos estava tudo bem. Afinal, eu não me sentia muito sociável. Mas não estava bem para Deus. Ele tinha outros planos.

Certo dia, uma vizinha, do outro lado da rua, veio nos dar as boas-vindas à vizinhança com esta declaração: "Alguém me disse que vocês são cristãos, e quero que saibam que são uma resposta de Deus às minhas orações, para que Ele pusesse uma família cristã nesta esquina. Em meu coração, murmurei:

"Ótimo, é culpa sua eu estar morando aqui!" Contudo, por causa da bondade dessa senhora, senti o meu coração suavizar-se, aos poucos, para com os novos vizinhos.

A partir daquele dia, morar na esquina passou a ser a oportunidade para Deus se tornar carne e morar naquela vizinhança. Que ministério empolgante tivemos naqueles anos!

Recordo afetuosamente aqueles jantares de Ano-Novo, que terminavam com um culto de vigília em nossa igreja. Eu recebia muitas notas de agradecimento dos vizinhos que tinham participado, falando dos bons momentos que tiveram sem se embebedar.

Houve muitos Cafés Bíblicos da Amizade (Stonecroft Ministries) em minha casa, alguns deles com dezesseis mulheres e seus filhos. Uma vizinha que nunca participara dos nossos estudos foi hospitalizada em outro Estado para ser operada de um tumor no cérebro. O nosso grupo enviava-lhe um cartão todas as semanas. Quando estava pronta para voltar ao lar, ela insistiu para que o estudo fosse feito em sua casa! Os estudos bíblicos para casais eram realizados na residência de uma das famílias que se convertera à fé em Cristo Jesus e se juntara à nossa igreja. Através deles, Deus habitou cada vez mais dentro da vizinhança que eu passara a amar.

Embora eu houvesse me sentido *deslocada,* ficou claro que Deus havia simplesmente me *colocado* ali para o seu propósito — que só depois enxerguei, e pelo qual sou grata. Esta é uma das maneiras de Ele trabalhar com as esposas de pastores.

Indagamos novamente hoje: "E quem é o meu próximo?" (Lc 10.29). O nosso próximo é a pessoa que mora na casa ao lado, ou do outro lado da rua. Jesus nos desafia: "Ame ao próximo como a si mesmo" (Mt 19.19). E conscientizemo-nos de que o nosso Pai celeste sempre nos coloca, exatamente, onde possa nos usar.

Eu gostaria de estar sentada com você neste momento, para ouvir se essa experiência é a sua também. Acredito que sim. Que privilégio abençoado é o nosso, de sermos usadas por Deus para infiltrar o seu amor em nossa vizinhança!

Oração: *Querido Deus Trino, obrigada pela oportunidade que temos, em nossa vizinhança, de representá-lo em carne.*

Pensamento do dia: Precisamos pensar em como serão os nossos vizinhos em seu estado eterno. Deus está sempre pronto a usar cada um de nós, para fazer a diferença que lhes mudará a vida para sempre!

12

ESCOLA BÍBLICA NO LIXÃO DA CIDADE

Betty Daily

E ser-me-eis testemunhas tanto em Jerusalém como em toda a Judéia e Samaria e até aos confins da terra.
—Atos 1.8

Desde a infância, sinto o coração palpitar por missões. Eu anelava estar envolvida, mas nunca tive uma chamada específica para um país ou um povo em particular.

Logo após o nosso casamento, Bob e eu começamos a pastorear a nossa primeira igreja. Achei que o meu anseio para o campo missionário seria satisfeito com o trabalho ministerial em nossas congregações. No geral, eu realmente apreciei os múltiplos desafios e recompensas daqueles trinta e cinco anos de ministério pastoral, em minha "Jerusalém, Judéia e Samaria". Contudo, aquele impulso para missões mundiais permaneceu-me no fundo do coração.

Cerca de vinte e cinco anos atrás, ouvi falar de missões a curto prazo. A minha primeira viagem de Trabalho e Testemunho à República Dominicana foi, verdadeiramente, o cumprimento de meus anelos infantis. Pude, finalmente, ministrar aos "confins da terra", e fiquei, para sempre, contagiada e comprometida a participar das missões a que o Senhor me guiaria. Desde então, já tive o privilégio de tomar parte em vinte e cinco viagens missionárias, com alguns dos maiores servos de Deus e gigantes missionários, em doze países.

Quando, em 2004, surgiu a possibilidade de eu ir à Etiópia, eu tinha de ter certeza dos planos de Deus para mim. Orei pedindo ao Senhor que deixasse bem claro se Ele queria que eu fizesse aquela viagem. Seria uma jornada longa e difícil. Eu não estava segura de que houvesse algo que eu pudesse fazer como parte da equipe, e que fosse realmente útil.

Poucos dias depois, uma amiga telefonou para discutirmos o assunto mais uma vez. Enquanto conversávamos, o Senhor falou comigo e perguntou-me se eu estava disposta a ir. A minha resposta foi um alegre e imediato "Sim!", e, desse modo, o meu nome foi posto na lista do grupo.

Ao chegarmos à Etiópia, estávamos todos entusiasmados. Era surpreendente ver como o Senhor ia à nossa frente e preparava o caminho, como fizera em tantas situações anteriores.

Certa noite, ficamos sem gasolina depois de apresentar o filme JESUS numa vila islâmica, distante mais de três horas da cidade onde ficava a nossa base. Estava escuro e não havia posto de gasolina por perto. Milagrosamente, as pessoas começaram a trazer combustível em latas e a despejá-lo no tanque de nosso veículo. Até hoje não sei como aquilo aconteceu; só posso dizer que o Senhor proveu. Recebemos o combustível exato para irmos até o lugar onde nos achávamos hospedados. O nosso Bom Pastor estava sempre presente, guardando e guiando-nos.

As mulheres trabalhávamos de manhã na base, e à tarde dávamos aula bíblica no que eles chamavam de "igreja do arbusto", localizada no aterro sanitário da cidade. As condições eram deploráveis — as piores que já experimentei.

Enquanto ministrávamos lá a cada dia, o nosso coração era profundamente tocado pela carência esmagadora. Fazíamos o possível, mas não havia como prover para todas as suas necessidades desesperadoras. O que podíamos oferecer-lhes era a esperança e o amor de Jesus.

Abraçando as preciosas criancinhas tão tristes, solitárias e miseráveis, tentávamos, de muitas maneiras, ser Jesus para elas. Tudo valia a pena quando víamos aqueles olhos desesperançados iluminar-se com a verdade, e muitos deles entregar o coração a Jesus. Sorrisos espalhavam-se por suas faces, quando a esperança enchia-lhes a vida pela primeira vez. Na resposta deles, eu vislumbrava um reflexo da chamada divina em minha infância.

Deixei parte do meu coração com aquelas crianças preciosas. A minha oração, hoje, é para que a beleza de Jesus continue a permear os entulhos do lixão daquela cidade.

Mal posso esperar para retornar no próximo ano, e ver que a beleza de Jesus continua a emergir das cinzas do desespero.

Oração: *Pai, que possamos sempre ser Jesus para aqueles que nos cercam — seja no lar seja num longínquo campo missionário.*

Pensamento do dia: É uma bênção ver a esperança da Rosa de Sarom brotando nos lugares mais improváveis.

13

SOLTE E ESPERE

Susan Dillow

Aguardo o Senhor; a minha alma o aguarda, e espero na sua palavra.
– Salmos 130.5

O Senhor tem sempre algo a ensinar-me quando se trata de esperar. Sou o tipo de pessoa ocupe-se-e-termine-a-tarefa. Portanto, acho difícil desacelerar quando há coisas por fazer. Diante de um problema, a minha natureza é interferir e resolvê-lo, mesmo quando eu deveria esperar. Especialmente em se tratando de meus filhos.

Não faz muito tempo, eu estava assistindo a Tim e Danae, meu filho e minha nora, louvar a Deus no conjunto musical de sua igreja, num domingo de manhã. Pensei em meu neto Camden, que se achava no berçário, aprendendo de Jesus. Meus olhos encheram-se de lágrimas e meu coração transbordou de alegria, ao recordar-me de como o nosso onisciente, onipresente e amoroso Senhor responde-nos as orações em seu tempo e do seu modo.

Retrocedi alguns anos, até onde Tim e Danae tinham atravessado dias muito difíceis durante o seu namoro. Pela primeira vez em minha vida, eu soubera o que é sentir angústia. Eu vivia o versículo "Orai sem cessar" (1 Ts 5.17), e passava muito tempo com a Palavra de Deus. Confesso que me achava constantemente desanimada e preocupada, porque não conseguia ver Deus trabalhando.

Então, numa fresca manhã de outubro, dirigi-me ao meu lugar de oração — uma velha cadeira reclinável, ao lado de uma mesa coberta com a minha Bíblia e os meus livros de estudos — a fim de passar algum tempo com o Senhor. Daquele ponto favorável, e podia desfrutar a vista dos bosques atrás de nossa casa.

Eu acabara de fazer um estudo bíblico sobre renúncia. Era o momento de orar. Comecei novamente, como havia feito por semanas e meses, pedindo a Deus que respondesse às minhas orações, e dizendo-lhe o que fazer. Em vez de despender tempo esperando e ouvindo, eu ocupava-me em dar-lhe conselhos.

Repentinamente, parei de orar, enquanto senti o Espírito Santo falar-me ao coração. Pareceu-me que Ele dizia: *Susan, pare e ouça-me!* Naquele momento de quietude, a sua voz quase audível parecia dizer-me: *O que você faria se eu não respondesse do jeito que você acha que eu deveria? Você está disposta a soltar, abrir mão, e permitir-me fazer a minha obra na vida de Tim?*

Dez minutos viraram uma hora, enquanto eu esperava quieta perante Ele. Não é fácil para uma mãe soltar e entregar, completamente, os filhos a Deus. Havíamos dedicado Tim ao Senhor, quando bebê, e oráramos por ele a sua vida inteira. Mas deixá-lo ir totalmente era para mim um comprometimento novo.

De repente, compreendi a minha teimosia em não soltá-lo para que Deus pudesse operar. Naquele momento, o meu coração clamou: *Oh, Deus, por favor, perdoe-me. Não importa o que aconteça, eu o louvarei. Terei fé no Senhor e sempre o amarei. O Senhor sempre ocupará o primeiro lugar em minha vida.*

A paz que eu buscara durante semanas veio sobre mim, enquanto a sua doce e calma presença ministrava-me ao coração. Tive a tranqüila certeza de que Ele estava trabalhando, e responderia as minhas orações em seu tempo e do seu modo.

No dia seguinte, Tim ligou-me, e enquanto ele falava sobre confiar em Deus, senti que o Senhor estava operando. Quando terminamos a conversa, louvei e agradeci a Deus. Prometi-lhe regozijar-me a cada bebê que Tim e Danae tivessem, enquanto Ele continuaria a trabalhar em suas vidas.

Tim telefonou poucos dias depois para contar-nos que ele e Danae haviam encontrado uma igreja amorosa e um pastor atencioso, que estava ministrando para eles. Comecei a compreender que Deus estivera trabalhando o tempo todo. Eu estava tão ocupada, tentando dizer-lhe como eu achava que o problema deveria ser resolvido, que falhara em ouvir e esperar suas respostas.

O restante da história é sobre uma jovem família — Tim, Danae, Camden e Lane, que estava a caminho — vivendo para o Senhor e testificando da sua bondade. Deus proveu bons empregos, uma igreja maravilhosa, casa própria e duas duplas de pais amorosos e apoiadores.

Verdadeiramente, Deus recompensa a obediência total quando soltamos e confiamos nEle.

Oração: *Obrigada por ensinar-me a soltar e esperar. Entrego-lhe totalmente, de mão aberta, tudo o que segurei até hoje: família, amigos, ministério e trabalho.*

Pensamento do dia: Nem sempre Deus se mostra adiantado; contudo, está sempre no tempo certo.

14

BELEZA NA JORNADA

Denise Franklin

A vereda do justo é plana; tu, que és justo, aplanas a vereda do justo.
– Isaías 26.7 (ARA)

Havia uma grande empolgação em nossa casa, naquele entardecer, enquanto Kendall, meu esposo, e Trevor, nosso filho de nove anos, aprontavam as bicicletas para a trilha. Garrafas d'água foram providenciadas, pneus foram cheios, e capacetes, preparados. Esta seria a segunda trilha de Trevor, e a primeira para mim e Kendall. Eu mal pude esperar para registrar essa lembrança. O tempo de Kendall é geralmente tomado pelos trabalhos da igreja e por pessoas bem-intencionadas. Arrumamos todas as coisas e saímos para o passeio, organizando-nos de acordo com a resistência: Kendall, Trevor, e então eu.

Ao aproximarmo-nos da marca de dois quilômetros, Trevor olhou para trás e perguntou-me: "Como está indo, mamãe?"

Sem fôlego, respondi: "Estou bem". Continuei dizendo a mim mesma: "Certamente posso fazer isso, se Trevor pode!" Suas perninhas pareciam tão enérgicas, enquanto as minhas longas pernas pareciam tão pesadas. Cada morro era uma luta, mas o outro lado era um alívio antecipado, quando descíamos a encosta.

Logo chegamos à metade do caminho. Havia um pequeno mirante, uma mesa de piquenique, e um mapa mostrando o quão longe viéramos e o quão longe tínhamos de ir. Tomamos um gole d´água para recuperar o fôlego, e então eu disse: "Já que está anoitecendo, talvez devêssemos voltar. Trevor precisa ir para a cama cedo". Além de que, o meu "assento" estava ficando dolorido, e eu sabia que a manhã seguinte traria, provavelmente, outras dores.

Com renovada energia, Kendall abriu o caminho de volta, e eu segui na retaguarda. Concentrei-me em alcançar o nosso destino, enquanto me esforçava por manter a boca fechada, e evitar que insetos colidissem com os meus dentes. Notei que, de alguma forma, diminuíramos o ritmo e estávamos — bem, ao menos Trevor e eu — apreciando um pouco mais o cenário.

De repente, ouvi Trevor gemer. Quando lhe perguntei o que estava acontecendo, ele respondeu, sem fôlego: "Olhe que morro alto à nossa frente!" Sempre procurando ensinar aos nossos três filhos o que Deus pode fazer em nossas circunstâncias diárias, disse-lhe que parasse a bicicleta por um minuto. Então sugeri: "Olhe à sua volta. Veja o lindo riacho entre a grama verde, à nossa esquerda, e as belas flores à direita. Ouça os pássaros cantar. Não é maravilhoso? Trevor, concentre-se onde você está agora. Não se preocupe com o que está à frente".

E então recebi o impacto. Aquilo era o que eu deveria estar fazendo! Era como se Deus estivesse me dizendo: *Denise, não focalize todos os "e se" que a deixam acordada à noite. Dirija o seu foco para onde eu a coloquei agora. Desfrute as bênçãos que lhe estou dando. E então, quando chegar a hora de subir um morro, esteja certa de que lhe darei o vigor para atingir o topo!*

Para a felicidade de Trevor (e minha), quando chegamos ao pé do morro, havia uma escolha: podíamos ir pela direita, que era morro acima, ou pela esquerda, que seguia direto, sem qualquer subida à vista. Acho que você sabe que rota escolhemos!

É assim com todos os nossos "e se". Muitas vezes, deparamo-nos com situações no ministério que nos causam preocupação, e precisamos da força de Deus para atingir o topo. Entretanto, há também muitas ocasiões em que nos preocupamos acerca de eventos futuros, que nunca acontecerão.

Naquele anoitecer, a lição que, tenho certeza, Deus estava ensinando a Trevor — e a mim — era que nos acalmássemos e aproveitássemos a beleza à nossa volta, qualquer que fosse o lugar. Quando estivermos apreensivos quanto ao futuro, lembremo-nos de que Deus é maior que a mais alta montanha que tivermos de escalar, e mais forte que qualquer esforço que tenhamos de despender!

Ele está sempre na trilha conosco, assumindo o comando — se lhe dermos permissão.

Oração: *Obrigada, Senhor, pelas lições que me ensina em meio à correria de minhas atividades diárias.*

Pensamento do dia: Não gaste o seu tempo preocupando-se com eventos futuros, que poderão nunca acontecer. Permita que o seu Pai celeste a guie para onde Ele a quer levar — e desfrute a beleza ao longo do caminho.

15

MEU PRIMEIRO AMOR

Kendra Graham

Conheço as tuas obras, tanto o teu labor como a tua perseverança... tens perseverança, e suportaste provas por causa do meu nome, e não te deixaste esmorecer. Tenho, porém, contra ti que abandonaste o teu primeiro amor.
– Apocalipse 2.2-4 (ARA)

Eu mal podia esperar para pular da cama de manhã. Eu corria para o banheiro, tomava banho, e orava para que o meu gel, meu fixador e meu pente estivessem juntos, em perfeita harmonia. Então eu me vestia, e corria para a classe, ansiosa para ver Wil, o meu amor, e sentar perto dele.

Desfrutávamos muitas horas juntos, apenas conversando. Eu absorvia cada palavra, realmente *escutando* — tentando entender quem ele era e de onde estava vindo. Para ser honesta, não importava se não disséssemos nada. Estarmos juntos era o suficiente.

Que divertido recordar aqueles tempos! De fato, casei-me com Wil — este meu fabuloso amor — em junho de 1998. Não obstante, hoje, com o nosso terceiro filho prestes a chegar a qualquer momento, a minha rotina matinal é bem diferente.

Naqueles maravilhosos dias de primeiro amor, e então de recém-casados, eu me achava sintonizada com cada aspecto da vida de Wil. Enquanto o encorajava, eu planejava como me encaixar naquilo que ele sentia ser o desejo de Deus para a sua vida. Como uma organizadora, eu gostava muitíssimo de planejar semanas e meses à frente. Cada pequena mudança no "plano" é um grande evento de oração em minha vida.

Quando estávamos noivos, e depois casados, e então fomos para o seminário, a única coisa que Wil sabia com certeza é que não seria um pastor. Ele achava que Deus desejava que ele fosse professor ou missionário. Tanto pior para os nossos planos! Deus chamou Wil para pregar! Ele se encontra, agora, em seu quarto ano de pastorado de uma pequena igreja.

Wil vinha pregando havia cerca de seis meses, quando uma senhora muito meiga aproximou-se de mim e perguntou-me o que eu fazia na igreja. Houvesse eu sido honesta, teria respondido: "Hiperventilação!" Eu era esposa, e mãe e nutriz de um bebê de três meses. Eu não fora adequadamente preparada para ser esposa de pastor. Eu era jovem demais para ser esposa de pastor! Eu não tinha tempo nem me encaixava no perfil. Aquilo não estivera em nossos *planos*. *Wil* é quem fora chamado! Eu me achava tão concentrada nele, que não pensava propriamente no que aquilo significava para mim. De qualquer forma, o que *eu* fazia?

Comecei a orar como nunca antes. Deus me disse para aquietar-me e esperar. Ótimo! Agora, quando me perguntavam, eu podia responder: "Nada!" Quanto mais eu orava, mais Deus me dizia: "Aquiete-se e espere".

Dois anos se passaram. Tivemos dois bebês, mas a resposta de Deus continuou a mesma. Então Ele guiou-me a Apocalipse 2.2-7. Li a passagem e ouvi uma mensagem dada por Anne Graham Lotz, tia de meu marido.

A igreja de Éfeso era importante — um marco para todas as épocas. As pessoas eram ocupadas na obra de Deus, em todos os ministérios. Deus notou-lhes o trabalho esforçado e a perseverança, mas tinha algo contra eles: haviam se tornado ocupados demais para sentar-se aos seus pés. Tinham perdido o primeiro amor.

Ainda me lembro do meu entusiasmo por Deus quando nova convertida. Tinha muito a ver com estar apaixonada por Wil.

Eu mal podia esperar por minha hora tranqüila com o Senhor, para sentar-me aos seus pés e mergulhar em sua Palavra. Com toda a correria de minha vida, eu passara a ter pouco tempo para "aquietar-me". Havia sempre muito a fazer.

Finalmente, ficou claro para mim: Deus não estava esperando que eu tivesse um ministério por ser esposa de pastor. Em vez de simplesmente me ocupar em algum ministério, eu precisava de tempo para sentar-me aos seus pés e amá-lo. O ministério para o qual Deus me chamara haveria de fluir naturalmente de minha adoração a Ele.

Por fim, após dois anos e meio de apenas amar a Deus, Ele pediu-me para fazer algo por Ele! Que alegria ter um ministério — não para o meu esposo, para a igreja ou para todos os que me perguntavam o que eu fazia —, mas para o meu Senhor.

E foi quando voltei ao meu primeiro amor.

Oração: *Jesus, como esposa de pastor, que eu sempre tenha a ti como o meu primeiro amor. Faça-me sossegar e dá-me paciência para esperar no Senhor. Use-me onde o Senhor quiser — não onde eu, ou os outros, pensamos que devo estar.*

Pensamento para o dia: Agarre-se firmemente ao seu primeiro amor, aquietando-se diante do Senhor. Então Ele lhe revelará o plano ministerial destinado a você.

16

UM COPO DE LIMONADA GELADA

Joyce Williams

Mas a pessoa que beber da água que eu lhe der nunca mais terá sede. Porque a água que eu lhe der se tornará nela uma fonte de água que dará vida eterna.

– João 4.14 (NTLH)

A claridade do sol do Kansas tremeluzia naquele sufocante sábado de julho. Com a temperatura subindo ao máximo, era um bom dia para se ficar dentro de casa. Mas eu estava participando de um dos meus trabalhos favoritos como esposa de pastor.

Aproximadamente trinta crentes, de dez igrejas diferentes e diversas denominações, reuniram-se no calçamento escaldante de Wichita, para preparar e servir, ao ar livre, mais de 100 refeições a pessoas carentes. Alguns daqueles sem-teto, moradores de rua de Wichita, estavam vindo para o seu almoço semanal.

Por vários anos, as igrejas têm se unido aos sábados para alimentar os necessitados e sem-teto. As mesas alinhadas à sombra dos choupos-do-canadá recordavam-me os jantares dominicais da minha infância.

Quando o aroma do cachorro-quente e do hambúrguer grelhado espalhou-se pelas ruas da cidade, as pessoas começaram a chegar, gritando saudações. Velhos amigos provocavam-se mutuamente, enquanto esperavam com paciência na fila. Logo se moviam na fila com pratos lotados de hambúrguer, cachorro quente, salada de batata e molhos deliciosos. Por alguma razão, as salsichas estavam sempre acabando; quanto mais se tirava da grelha, mais as pessoas voltavam para pegar outra.

Todos nós, servidores e hóspedes, formávamos uma mistura de personalidades. Jack falava espanhol fluentemente com os nossos amigos hispânicos. A face de um jovem vietnamita brilhava quando lhe davam um prato cheio, embora ele não entendesse muito do que lhe era dito. Outro homem havia acabado de sair da cadeia. Tinha um senhor que mal conseguia andar, e uma jovem numa cadeira de rodas.

Com muita prática e habilidade, os serventes distribuíam comida, saudações animadas e palavras encorajadoras. Íamos desde Betty, com seus cachos prateados presos num arquinho, até Ashley, de seis anos, com os cabelos vermelhos cintilando ao sol, enquanto distribuía bananas. Muitos ganhavam uma banana extra para a estrada.

Era uma cena maravilhosa. Não havia recriminações, críticas, nem sermões. De vez em quando, os nossos convidados dirigiam-se tranqüilamente a Jack, Rick, ou a qualquer um de nós, e cochichavam as suas necessidades. Puxando do bolso um folheto ou um Novo Testamento, alegremente apontávamos-lhes o Único que é a resposta.

Reverentemente, naquela catedral de galhos de árvore balançando gentilmente, e grama crescendo sob os pés, eles oravam juntos. Todos sabiam que nos importávamos. Todavia, a mensagem principal desse dia era sobre a vida além da carne e do sangue.

Os nossos hóspedes nunca pareciam beber o suficiente. Imensas jarras de água e limonada eram rapidamente esvaziadas — em especial as de limonada. Continuávamos enchendo os seus grandes copos, vezes após vezes. Marita passou-me o seu cantil. Infelizmente, eu estava distraída e derramei a limonada por fora dele. Ela gritou consternada: "Você o arruinou! Agora ele vai ficar grudento!" Compreendendo como o vasilhame lhe era valioso, esfreguei meticulosamente o cantil, até deixá-lo como novo.

Era óbvio para nós, naquela tarde abafada, que a vida dera muitos limões àqueles amigos desafortunados. Recordei-me das palavras de Jesus incentivando-nos a dar um copo de água fria em seu nome.

Enquanto enchíamos as suas vasilhas, esperávamos que vissem em nós algo que lhes desse esperança. Talvez pegassem os limões da vida e os misturassem com a doçura de nosso Senhor. Então, eles também poderiam experimentar o refrescante elixir de Jesus — a água da vida — que dura para sempre.

Mais tarde, quando já estava se retirando, Marita voltou-se e agradeceu: "Hei, obrigada pela limonada, a de dentro e a de fora!"

"De nada!", respondi. "E queremos que você beba profundamente da fonte doce e viva, que só a paz com Deus pode trazer." E ela ouviu atentamente enquanto lhe falei de Jesus.

Expliquei-lhe que, embora a limonada houvesse acabado várias vezes naquele dia quente, a água viva que vem de Jesus é eterna; nunca termina. Ela enche o corpo e a alma — por dentro e por fora. Tive a bênção de orar com Marita. Quando ela ia saindo, acrescentei: "Lembre-se: não importa o quanto esquente, a sua alma nunca mais terá sede!"

Oro para que ela tenha levado consigo mais que o seu cantil de limonada.

Oração: *Pai, que eu sempre possa derramar a água viva do seu amor naqueles que me cercam.*

Pensamento do dia: As prerrogativas de uma esposa de pastor não são deste mundo!

17 

FITE OS OLHOS

Karan Gunter

Olhando para Jesus, autor e consumador da fé.
– Hebreus 12.2

Era uma experiência no topo da montanha — e eu tenho medo de altura! Também temo velocidade, aventuras arriscadas e esportes perigosos. Estávamos em Vail, Colorado, mais de 3.000 metros acima do nível do mar. Nuvens macias espalhavam-se por um céu de cristal azul, e podíamos enxergar a quilômetros de distância! Rocky Mountain estava em seu melhor momento — elevada, coberta de neve e majestosa. Eu mal podia acreditar que estivesse lá em cima.

Enquanto esperava pelo restante do grupo de nossa igreja, cruzou-me a mente a indagação de como, neste mundo, eu faria a descida de volta. Haviam me assegurado de que existia um caminho *fácil*. Fechei os olhos por um momento e agradeci a Deus por sua impressionante criação.

Um vento cortante causou-me um arrepio na espinha, fazendo-me abrir os olhos. Pesadas nuvens cinzentas haviam tomado o lugar do céu azul, e flocos de neve do tamanho de meus óculos de proteção cobriam-me o corpo. Eu me achava sobre duas peças de madeira lisa, no topo de uma montanha íngreme, cercada por um turbilhão de neve, e sem enxergar além de cinco passos à minha frente.

Shelley, a nossa líder, havia crescido nas encostas. Ela disse ao nosso grupo amontoado que estávamos experimentando um "whiteout" — uma espécie de "fenômeno branco", que oblitera a perspectiva e a visão. Ela assegurou-nos, contudo, de que conhecia a montanha como a palma de sua mão, e instruiu-nos a formar uma fila única, focar os olhos apenas na pessoa à nossa frente e manter a velocidade.

Engoli o nó em minha garganta e uni-me à fila. Comecei a esquiar devagar e cuidadosamente, enquanto a neve se tornava ainda mais pesada. Eu estava morta de medo, mas não tinha escolha a não ser seguir o casaco vermelho à minha frente, se quisesse descer daquela montanha.

Eventualmente, com os lhos fixos, perdi qualquer noção do que estava à minha volta. Meus temores desapareceram, e eu descobri uma liberdade que nunca antes experimentara sobre um par de esquis. A minha única responsabilidade era seguir! Eu estava planando montanha abaixo — e tendo o momento da minha vida!

Soltei os óculos de proteção e arranquei as botas de minhas pernas oscilantes, ao entrarmos no chalé apinhado. Shelley abraçou-me e felicitou-me por minha primeira esquiada tenebrosa. Ela explicou que, quando as condições climáticas pioraram, ela abandonara a idéia de tomar o caminho fácil e guiara-nos pela descida com que estava mais familiarizada — a encosta tenebrosa dos peritos em esqui.

Em menos tempo do que fora preciso para a mudança do clima, a minha mente deslocou-se para o espiritual. Por minha natureza, sou cautelosa — prudente demais. Tenho a tendência a optar pela descida fácil, pela rota segura. Ouço a voz do Senhor, mas às vezes, antes de dar um passo, quero saber o que está adiante, ao lado e atrás de mim. Quero saber quanto tempo vai levar, qual a inclinação da encosta e até aonde irei. Quero conhecer os riscos envolvidos, como as pessoas reagirão, e se os resultados serão positivos. Quero mover-me com segurança.

Tudo o que teria me distraído naquele dia — a altura, a ingremidade e até a beleza — fora obliterado pelo *whiteout.* A minha única opção foi seguir — e continuar seguindo. A minha única responsabilidade foi manter os olhos fixos no líder.

A verdade mostrou-se evidente para a minha vida e meu ministério. *Ele* conhece a "montanha" como a palma de sua mão. *Ele* conhece a melhor trilha na tempestade. E *Ele* me guiará por todo o caminho. Quando Ele fala — esteja eu na montanha ou no vale, em minha sala de aula ou em minha sala de estar, em minha rotina diária ou num ministério especial, com "gente do mundo" ou "gente da igreja" — a minha única responsabilidade é *fitar os olhos em Jesus,* o Autor e Consumador da minha fé.

Sendo uma crente, a minha única e real opção é seguir. E quando o faço, experimento uma liberdade que me habilita a planar através da jornada, sobre asas, como as águias.

Oração: *Senhor, quando eu ouvi-lo falar, quando eu sentir a sua direção, ajude-me a confiar o suficiente para segui-lo — mesmo quando eu não puder enxergar.*

Pensamento do dia: A trilha que Jesus assinala para nós sempre nos conduz ao lar.

18

CHAMADA PELAS NÚPCIAS? CHAMADA POR DEUS?

Patty Hambrick

— Deixo com vocês a paz. É a minha paz que eu lhes dou; não lhes dou a paz como o mundo a dá. Não fiquem aflitos, nem tenham medo.
– João 14.27 (NTLH)

Nas últimas três semanas, às vezes com o meu esposo Ted, às vezes sem ele, aconselhei um casal num casamento arruinado, incentivei um aluno que estava prestes a abandonar a escola, participei de inúmeras reuniões de comitê, lecionei na Escola Dominical, trabalhei no berçário da igreja, organizei e supervisionei o Dia das Crianças, tive a minha vez de limpar o templo, visitei enfermos, aconselhei uma jovem grávida que pensava em abortar, confortei duas mães que perderam a custódia dos filhos, cantei no coral e na equipe de louvor, ajudei na música das crianças, confrontei certa mãe usuária de drogas, aconselhei duas famílias com filhos na prisão, conversei com a minha família sobre a saúde debilitada de meu pai e trabalhei em meu emprego de tempo integral.

Esta é a vida de esposa de pastor.

Claro que fiquei cansada. Esta vida é gratificante, mas árdua. Demandas sobre o meu tempo, e comprometimento com o que devo fazer e o que gostaria de fazer são difíceis. Mas tomei uma decisão que me abençoou a alma. Acredito haver sido "chamada por Deus e pelas núpcias".

Este é o vigésimo aniversário do ministério de tempo integral para Ted e eu. Quando nos casamos, eu não sabia que ele seria convocado ao ministério. Na verdade, quando ele contou-me, não acreditei. Pensei que ele estivesse tendo uma daquelas crises em que a pessoa diz: "Deus, tire-me disto e eu farei qualquer coisa, até mesmo pregar". Quando finalmente compreendi que ele fora realmente chamado, soube que Deus me chamara também. Hoje, regozijo-me em nosso maravilhoso, desafiante, empolgante, difícil, aventuroso, assustador e precioso ministério.

Quase todas as vezes que temos um dia difícil, foi por falha na comunicação ou mal-entendidos nos relacionamentos da igreja. No momento mais difícil de nosso ministério, Ted ligou-me numa quarta-feira à tarde e disse: "Não vou à igreja esta noite. E não tenho certeza se voltarei a ir". Ele contou-me o que acabara de acontecer, e eu não tive idéia de como Deus resolveria aquilo. Estávamos sofrendo, em dor profunda, e carecendo de um milagre.

Foi então que recebemos a notícia de que uma mãe solteira de nossa igreja tinha dado à luz o seu bebê. Estávamos muito orgulhosos do modo como o nosso povo havia amado aquela jovem e recebido-a de volta à igreja e de volta ao Senhor.

Uma vez que não estávamos liderando nenhum dos numerosos eventos daquela noite, fomos ao jantar da igreja, planejando escapar. Procuramos manter-nos juntos, para que pudéssemos sair para o hospital, a fim de ver o recém-nascido e visitar uma senhora que estava morrendo.

Visitamos a jovem mãe no terceiro andar. O aposento estava repleto de fujões-da-igreja-na-quarta-feira-à-noite. Ao celebrarmos a nova vida, Ted tomou o bebê nos braços e orou. Enquanto ele orava, confesso que olhei o doce bebê e dei uma espiada à volta. Não havia um olho enxuto. Em seguida, o pai da jovem fez um gesto abrangendo o quarto e anunciou orgulhoso: "Esta é a minha família da igreja!" Tiramos fotos com a nossa câmera digital, abraçamos todo o mundo, e dirigimo-nos ao segundo andar.

Ao visitarmos a mulher em estágio terminal, parecia que cada respiração sua seria a última. Estávamos orando com ela, quando a sua família entrou no quarto. Depois da oração, oferecemos-lhes palavras de conforto. Quando íamos nos retirando, perguntaram por nossa câmera, e Ted mostrou-lhes as fotografias do mais novo bebê de nossa igreja. A filha da enferma comentou: "Sinto que algo de bom está acontecendo, pastor".

Ao entrarmos no carro, Ted confidenciou-me: "Patty, Deus fez algo especial por mim, através daquela jovem mãe e da mulher que está morrendo. Ele sabia como eu estava sofrendo. Foi como se ele dissesse: 'Ted, a sua chamada está num ponto entre o segundo e o terceiro andar; nova vida e morte. Coisas boas estão acontecendo em seu ministério. Tenha coragem!'" Aquele foi realmente um ponto decisivo.

As coisas não se endireitaram imediatamente, mas Deus usou aquelas cenas do hospital para lembrar-nos de que o nosso ministério era efetivo, Ele estava no comando, e Ele continuaria a nos auxiliar.

No dia seguinte, Ted levantou-se e foi à igreja, e eu levantei-me e fui trabalhar. Aconselhamos outro casal num casamento arruinado; ajudamos um homem cuja esposa queria o divórcio, e...

Oração: *Pai, dá-nos a sabedoria para permanecermos centrados em ti.*

Pensamento do dia: A despeito do que aconteça na igreja ou na vida, Deus cuida de nós quando o conhecemos, o servimos e obedecemos ao seu chamado.

19

FEITA PARA O MINISTÉRIO

Debbie Henry

Tendo por certo isto mesmo: que aquele que em vós começou a boa obra a aperfeiçoará até ao Dia de Jesus Cristo.
– Filipenses 1.6

Amo Filipenses 1.6. É o versículo da minha vida! Vejo-o como uma promessa de Deus, de que Ele está trabalhando em mim até a completa realização do seu plano.

Para ser honesta, nunca me senti realmente chamada, ou tive qualquer desejo de ser esposa de pastor. Quando conheci o meu esposo, John, na faculdade, soube logo que Deus tinha uma chamada para ele. Então, quando nos casamos, eu sabia que seríamos encaminhados ao ministério. Contudo, eu via o pastorado como a vocação de John. Eu era completamente dedicada a ajudá-lo, mas nunca cheguei a pensar que Deus havia me chamado igualmente.

Quando nos preparávamos para assumir o nosso primeiro trabalho, comecei a preocupar-me e a martirizar-me, porque não tinha idéia do que isso significaria para mim. Jovem como era, eu mal tinha noção de minha identidade, quanto mais de compreender o propósito e o plano de Deus para a minha vida. Sinceramente, lutei em silêncio com aqueles sentimentos por muitos anos.

A minha verdadeira paixão, além de servir ao Senhor, era ser uma boa esposa e mãe. Embora eu realmente quisesse que Deus me usasse, eu não tinha certeza da diferença entre servi-lo e cumprir um papel. Ser esposa de pastor parecia acarretar muito mais do que eu me sentia capaz, ou estava disposta a dar. Afinal, o ministério era vocação de John, não minha.

Apesar de ser ativa em diversas áreas da igreja, eu tinha sempre o sentimento incômodo de que o que eu estava fazendo nunca era o suficiente. De certo modo, eu não me sentia à altura. Achava que deveria ser capaz de muito mais. Eu *queria,* desesperadamente, possuir todas as qualificações certas.

Os anos se passaram, enquanto eu atuava como uma zelosa e incentivadora esposa de pastor. Apenas John tinha conhecimento de minhas incertezas íntimas. Os nossos paroquianos amavam-me e aceitavam-me, e eu os amava ternamente também. Comecei a sentir-me confortável, ajustando-me ao ritmo da vida ministerial. Talvez eu houvesse, finalmente, me acertado com essa idéia de esposa de pastor!

Não obstante, os meus temores voltaram em escala maior quando John informou-me de nossa chamada para pastorear em Kansas. A igreja era imensa — do tamanho de todas as igrejas onde eu congregara *juntas*! A missão era perfeita para John; fora feita para ele. Mas eu estava aterrorizada! Eu simplesmente não tinha o perfil para ser esposa-de-pastor-sênior-de-uma-mega-igreja. Meu pé jamais caberia naquele sapato.

Olhando atrás, para aqueles medos que me consumiram durante os anos transicionais, posso ver como Deus me carregou. Ele conduziu-me através do desespero absoluto e de uma profunda depressão, a fim de trazer-me ao lugar onde eu pudesse compreender a sua verdade a respeito de minha vocação e meu propósito. Finalmente, abracei a sua garantia de que a sua força se tornava perfeita em minha fraqueza.

Durante o tempo de minha busca, passei a conhecer, a amar e a depender de Deus como nunca. À medida que estudava a sua Palavra diariamente, surgiu claro aos meus olhos o quadro de sua chamada para a minha vida. Para minha surpresa, não era diferente de minhas ambições: ser uma boa esposa e mãe, e servi-lo. Deus supriu-me com força, segurança e sabedoria, que eu nunca havia experimentado antes.

Em minhas horas tranqüilas com Deus, Ele gentilmente mostrou-me que eu vinha me consumindo em tentar preencher as expectativas das pessoas, em vez de concentrar-me em seu propósito. Foi incrivelmente libertador compreender, após vinte anos de ministério, que se Deus me convocara era porque me considerava capaz de atender ao seu chamado. Pela primeira vez, pude relaxar e apreciar ser esposa de pastor.

Muitas vezes, as esposas de pastores sentimos culpa por não nos ajustarmos a certos padrões. Ao criar-nos, Deus não usou moldes para fazer-nos todas iguais. Ele é bem mais criativo que isto! O Criador idealizou cada uma de nós com dons e talentos individuais, para serem usados para Ele.

Então aprendi que, em vez de nos exaurimos tentando preencher uma posição, devemos descansar em seu plano para nós. Desse modo, Ele completará o seu trabalho em nós e através de nós, pois o nosso Pai celeste sempre cumpre as suas promessas. E Ele termina tudo o que começa.

Oração: *Obrigada, Pai, por idealizar-nos, criar-nos e usar-nos singularmente para trazer-lhe glórias.*

Pensamento do dia: Os projetos de Deus são únicos.

20 COM QUANTO VOCÊ PODE ARCAR?

Mary Alice Hoover

Então, o senhor daquele servo, movido de íntima compaixão, soltou-o e perdoou-lhe a dívida. Saindo, porém, aquele servo, encontrou um dos seus conservos que lhe devia cem dinheiros e, lançando mão dele, sufocava-o, dizendo: Paga-me o que me deves.
– Mateus 18.27,28

Mark, meu esposo, pregou nos dois cultos do domingo de manhã, e ambas as mensagens foram impressionantes. A presença do Espírito Santo era real, e muitos atenderam ao apelo. Estávamos regozijando.

Após os cultos, resolvemos almoçar fora. Ao entrarmos no restaurante, um casal conhecido estava entrando também. Aquelas pessoas queridas achavam-se entre um pequeno grupo que, alguns anos antes, havia criticado severamente o nosso ministério, e então deixado a igreja.

Enquanto eu e as crianças colocávamos os nossos nomes na lista de espera do restaurante, Mark foi ao encontro do casal e cumprimentou: "Como vão?"

O homem replicou grosseiramente: "Na mesma". E depois perguntou com um sorriso malicioso: "E como vão as coisas para *vocês?*"

Teria sido fácil para Mark contar-lhe dos cultos momentosos, da igreja lotada, do grande número de visitantes, e das muitas decisões por Cristo. Em vez disso, porém, ele respondeu benevolamente: "Está tudo bem".

Quando finalmente nos sentamos para pedir o nosso almoço, Mark relatou-me o que se passara, e explicou-me a sua resposta gentil: "Senti tanto por ele em sua miséria, que não tive coragem de lhe contar como a manhã havia sido maravilhosa".

E Mark continuou ponderando: "Deus tem sido tão bom para nós, que pude agüentar ser gracioso para com ele". Pensando bem, o que teríamos ganhado se Mark houvesse pago na mesma moeda? Se ele se houvesse ufanado sobre as bênçãos derramadas sobre a nossa congregação, teria tão somente irritado ainda mais aqueles antigos membros, como esfregar sal numa ferida aberta.

Lemos em Provérbios 15.1: "A resposta branda desvia o furor, mas a palavra dura suscita a ira". Através dos anos, temos experimentado muitas situações danosas. Toda vez que escolhemos uma resposta gentil, somos honrados por Deus. Afinal, o Senhor esclareceu-nos em Mateus 5.38,39: "Ouvistes que foi dito: Olho por olho e dente por dente. Eu, porém, vos digo que não resistais ao mal; mas, se qualquer te bater na face direita, oferece-lhe também a outra".

A atitude de Mark fez-me pensar no servo sem compaixão, de quem Jesus nos falou. Ele havia sido perdoado de uma dívida tão grande, que deveria ter sentido a profusão da graça. Em vez disso, pôs-se a exigir pagamento de seu cooperador, como se ainda se achasse falido.

Como esposas de pastores, somos tentadas a demandar justiça sobre os que nos ferem. Sempre haverá ocasiões de alguém nos prejudicar pessoalmente, ou aos membros de nossa família, ou ao nosso ministério. É particularmente difícil quando o conflito doloroso envolve a família. A reação natural é anotar os prejuízos e nos debruçarmos sobre eles. Ou, pior ainda, somos tentados a assumir o controle e a confrontar a pessoa que nos feriu.

Aprecio muito o que Jesus nos disse em Mateus 5.43,44: "Ouvistes que foi dito: Amarás o teu próximo e aborrecerás o teu inimigo. Eu, porém, vos digo: Amai a vossos inimigos, bendizei os que vos maldizem, fazei bem aos que vos odeiam e orai pelos que vos maltratam e vos perseguem". Ele foi totalmente direto.

Antes de nos colocarmos a exigir justiça, precisamos reavaliar tudo o que nos tem sido dado. Com quanta graça eu posso arcar? Por causa da extravagante graça e misericórdia que me têm sido concedidas, acho-me tão profundamente endividada que não há como eu ser outra coisa, senão graciosa também.

Oração: *Obrigada, Senhor, por derramar sobre mim a sua graça e misericórdia. Dá-me a graça de sempre responder com amorosa benevolência e terna misericórdia.*

Pensamento do dia: "Dai, e ser-vos-á dado; boa medida, recalcada, sacudida e transbordando vos darão; porque com a mesma medida com que medirdes também vos medirão de novo" (Lc 6.38).

21

VIAJANDO PELOS ARCO-ÍRIS

Joyce Williams

O meu arco tenho posto na nuvem.
– Gênesis 9.13

O dia começara normalmente em Roanoke, a minha cidade natal, na Virgínia. Gene e eu morávamos a meio caminho da área rural, e certas visitas eram presentes raros, para serem entesourados.

Encontrei-me com as minhas irmãs, Bobbi e Jane, para um almoço na Red Lobster — um lugar favorito. Fizemos o de sempre, colocando a conversa em dia, rindo e comendo biscoitos demais. Era divertido estarmos juntas — três irmãs aproveitando os breves momentos da vida.

Após um demorado almoço, Bobbi teve de ir embora, e Jane e eu saímos também. Paradas junto ao pequeno carro de Jane, conversamos mais um pouco. Quando ela tentou dar partida no carro, ele sequer deu sinal.

Chamei o socorro mecânico. Cerca de uma hora mais tarde, apareceu um caminhão velho, com um longo reboque. Dele, desceu, sem pressa, um mecânico com um avental lambuzado de graxa. Era evidente que ele não usava a máquina de lavar, ou o chuveiro, fazia tempo.

Posso dizer que a minha irmãzinha relutou um pouco em deixá-lo espremer-se atrás do volante de seu carro, temendo que ele deixasse, para sempre, uma lembrança da graxa. Mesmo com todo o seu conhecimento, o mecânico não conseguiu fazer o motor pegar. Finalmente, ele anunciou: "Dona, o seu carro está quebrado!"

Nuvens começavam a agrupar-se no céu, e podíamos ouvir os trovões ao longe. Então ligamos para a revendedora onde Jane comprara o carro, e mandaram rebocá-lo para lá. Ela assistiu ansiosa à partida do mecânico, relutando em deixar-lhe nas mãos engraxadas o seu precioso "besouro".

Entramos em meu carro alugado, e dirigimo-nos à cidade. Hoje, olhando para trás, sei que foi por Deus que o carro de Jane quebrou, porque as horas seguintes foram marcantes. Não me lembro de quando fora a última vez que duas de nós havíamos estado juntas daquele jeito, sem preocupação com agendas e sem pressa. As minhas visitas entre os compromissos do ministério eram sempre corridas, por causa das muitas coisas a fazer. Naquele dia, entretanto, Deus realizou algumas coisas especiais.

Tão logo entramos em meu carro, a chuva começou a cair. Os trovões retumbavam, e os relâmpagos cintilavam à nossa volta. De vez em quando tínhamos de encostar no meio-fio, porque não conseguíamos ver aonde estávamos indo.

Todavia, a coisa mais espantosa que aconteceu foi o desfile dos arco-íris que começaram a talhar o céu. Que show magnífico! Era como se estivéssemos viajando através dos arcos — um após outro. As múltiplas cores pareciam pintadas por toda parte. Era fantástico. Se a lenda do pote de ouro fosse verdadeira, tê-lo-íamos achado.

Fui especialmente tocada naquele dia, porque o arco-íris é um sinal de que a promessa de Deus se cumprirá. As lágrimas encheram-me os olhos, ao lembrar que, após o dilúvio e depois de as águas haverem retrocedido, Deus prometeu a Noé: "O meu arco tenho posto na nuvem; este será por sinal do concerto entre mim e a terra. E acontecerá que, quando eu trouxer nuvens sobre a terra, aparecerá o arco nas nuvens. Então, me lembrarei do meu concerto, que está entre mim e vós e ainda toda alma vivente de toda carne" (Gn 9.13-15).

Esperança — é o que o arco-íris representa! Deus prometeu cuidar de nós, a despeito de quão longe tivermos ido. O nosso ministério para pastores e suas famílias, conhecido como Shepherds' Fold Ministries, tem levado Gene e eu aos confins da terra — literalmente. Já visitamos vinte países, desde a "reforma" em 1998. Gene brinca: "Se isto é aposentadoria, vamos arrumar um emprego!" A sua definição para "reformado" é reformar o carro com um novo jogo de Michelins!

Freqüentemente achamo-nos a milhares de quilômetros de casa. Não importa onde estejamos, quando nos sentimos cansados ou com saudades, Deus sempre nos envia uma promessa — um arco-íris de encorajamento e renovação. Apesar das tempestades que nos assolam a vida, Ele sempre provê um guarda-chuva de esperança aberto nas nuvens.

Haver partilhado com Jane aquele precioso caleidoscópio de arco-íris é uma jóia preciosa que guardo cuidadosamente em meu tesouro de memórias. Irei carregá-la comigo enquanto viver.

E quando uma nova tempestade se aproxima, puxo aquela memória — e antecipo os arco-íris.

Oração: *Obrigada, Pai, pelos preciosos arco-íris de memórias partilhadas com os meus amados.*

Pensamento do dia: Jesus tem a chave do tesouro onde se acham as promessas de nosso Pai.

22

A FIDELIDADE DE DEUS

Joyce Jothi

Não te deixarei, nem te desampararei.
– Hebreus 13.5

O medo viajou conosco, enquanto corríamos para o hospital naquele amanhecer. Jason, o nosso segundo filho, tinha apenas dez dias de nascido. Desde que nascera, ele sufocava quase todas as vezes que eu o amamentava; sofria com um bloqueio que o impedia de fazer o alimento descer. Os nossos dias e noites haviam-se enchido de ansiedade e lágrimas.

Enquanto acelerávamos, lembrei-me de uma promessa especial que Deus me dera durante outras crises. Fiquei repetindo aquelas palavras: "Não te deixarei, nem te desampararei" (Hb 13.5). Eu sabia que o Espírito Santo nos cercava, enquanto disparávamos estrada abaixo.

Ao nascer, Jason estava abaixo do peso, e ainda não aumentara por causa de suas freqüentes asfixias. Na verdade, ele até perdera algum peso. Encontrávamo-nos extremamente preocupados com ele. Ao chegarmos ao hospital, o médico recusou-se a tratá-lo, porque já era tarde da noite.

A recepcionista informou-nos de que teríamos de levar Jason a outro hospital. Lutando com as lágrimas, percorremos clínicas e hospitais. Ninguém aceitava o nosso menininho doente.

Aterrorizados pela idéia de perder o nosso precioso bebê, Simon e eu oramos juntos, ali mesmo, na rua: "Deus, o Senhor é o nosso único socorro". Tão logo pronunciamos aquela breve oração, Jason acordou e espirrou. Imediatamente, o bloqueio se desfez! Regozijamo-nos durante todo o caminho de volta, porque o nosso bebê foi posto fora de perigo, sem ajuda médica. Sabíamos que Deus interviera e tocara o nosso Jason.

Ainda tínhamos preocupações com o nosso filho. O médico deu-nos medicamentos que o ajudavam, e continuamos a orar para que ele se desenvolvesse normalmente. Nos meses seguintes, ele ganhou peso lentamente. Era um grande desafio atender aos compromissos de nosso intenso ministério, e ao mesmo tempo cuidar de Jason e de Solomom, o seu irmão mais velho.

Finalmente, começamos a nos recuperar daquela noite, enquanto as sufocações de Jason iam diminuindo. Então, certa noite, na cozinha, ele caiu de uma altura de mais de um metro. Perdeu imediatamente a consciência, e seus olhos rolaram para o lado. Fiquei apavorada — principalmente quando o seu corpo começou a esfriar.

Freneticamente, liguei para Simon, e ele voltou correndo da igreja. Mais uma vez, disparamos para o hospital. Os médicos examinaram Jason, e disseram que precisavam fazer alguns testes. O menino teria de ficar no hospital, em observação, para se saber o quanto fora afetado pela queda.

Sentamo-nos naquele cubículo com Jason, esperando ansiosamente, enquanto travávamos as mãos e implorávamos ao Senhor que o tocasse de novo. Enquanto Simon e eu orávamos e nos angustiávamos, sem saber o que o futuro reservava para o nosso precioso menininho, recordamos um ao outro como, poucos meses antes, o Senhor havia, definitivamente, poupado a vida de Jason. Então começamos a nos confortar, sabendo que, mais uma vez, o nosso Pai celeste faria Jason atravessar com segurança aquela crise.

Enquanto experimentávamos uma sucessão de emoções, Jason, repentinamente, levantou-se e começou a brincar. Era evidente que ele vencera uma curva. O médico declarou que ele estava fora de perigo. Louvamos a Deus e o agradecemos por sua fidelidade em, mais uma vez, devolver-nos Jason.

Há ocasiões em que nós, esposas de pastores, sentimo-nos subjugadas pelos deveres ministeriais e as responsabilidades maternas. Mas todos os dias eu separo tempo para louvar a Deus por seu grande amor e bondade para conosco. Podemos testemunhar, de todo o coração, que o seu amor e a sua fidelidade irão nos preservar através de quaisquer circunstâncias que nos possam sobrevir.

Jason tem, agora, três anos. Ele é um garotinho saudável e muito ativo. Sabemos que Deus nos inspirou a dar-lhe o nome certo. Jason significa *restabelecido.*

O nosso filho vive, realmente, o significado de seu nome.

Oração: *Obrigada, meu Médico dos médicos, por seu toque curador.*

Pensamento do dia: As situações difíceis ensinam-nos a confiar em Deus de um modo que os tempos de paz não podem fazer.

23

A DOR PASSA. A BELEZA PERMANECE

Debbie Keener

Para que a prova da vossa fé, muito mais preciosa do que o ouro... se ache em louvor, e honra, e glória na revelação de Jesus Cristo.
– I Pedro 1.7

Em um dia chuvoso, eu me achava à porta da escola de minha filha, antecipando a debandada. A campainha tocou. O primeiro aluno a apontar na porta olhou para a chuva, curvou os ombros, e arremessou-se para fora, proferindo palavras que não se encontram nos melhores dicionários. Surpreendentemente, o garoto seguinte olhou para a mesma chuva e renasceu. Abriu os braços, jogou a cabeça para trás, e tentou apanhar as gotas de chuva! Fiquei rindo enquanto ele foi embora saltitando, e pensei: *Não é interessante que duas pessoas experimentem exatamente a mesma circunstância, e reajam de modo tão diverso?*

A chuva cai sobre todos. (Veja Mt 5.45.) Ninguém está isento; nem mesmo aqueles do ministério. Alguns de nós são privilegiados, e têm de lidar apenas com um chuvisco incômodo ou uma breve pancada de chuva. Outros, no entanto, somos arrebatados por furacões devastadores, que nos deixam sem saída. O engraçado é que não é a intensidade da tormenta que determina como a encaramos!

Chris era uma jovem esposa e mãe de três filhos. Crente cheia de alegria e de grande carisma, era amada por todos em nossa igreja. Recentemente, Chris travara com o câncer uma batalha perdida. Após a sua morte, a minha amiga Janice encontrou entre a sua correspondência um envelope com o endereço de Chris. Abriu-o rapidamente e descobriu algo que entesourará para sempre: um bilhete de Chris, escrito à mão, dizendo-lhe o quanto ela era especial. Em suas horas finais, Chris dedicara-se a abençoar os outros, em vez de se concentrar no próprio sofrimento.

O sofrimento é uma realidade. A vida é uma confusão. O ministério é desafiante. Poucos de nós andam por uma estrada plana durante a vida. A maioria é forçada a tomar a escabrosa passagem da montanha, que parece impossível. Pior ainda é o vale solitário, que por nos parecer tão profundo, indagamos se chegaremos a sair dele. Então, como poderemos ser a criança que abre os braços e tenta apanhar as gotas de chuva? Como ser alguém que ri em meio à dor? Como ser igual a Chris, que em seus últimos dias concentrou-se em ser uma bênção?

É um segredo maior do que ver o copo meio cheio. Isso requer uma profunda confiança de que "a nossa leve e momentânea tribulação produz para nós um peso eterno de glória mui excelente" (2 Co 4.17). A fim de sobreviver, e até florescer, em meio à dor, devemos manter uma perspectiva eterna.

Foi o que Jesus fez ao suportar a cruz. Ele pagou um preço temporário por um prêmio eternal. Ele sabia que o seu sofrimento tinha um propósito, e manteve a finalidade em mente.

Sou convicta de que não há privilégio maior que o de servir no ministério. Todavia, tenho sido esposa de pastor por um tempo longo o suficiente para saber que, com as bênçãos do ministério, vem o presente da dor. Serei ferida. Não serei capaz de viver à altura das expectativas. Serei julgada. Serei mal interpretada. E a menos que eu me recorde do motivo de eu estar no ministério, esta realidade me fará escapar para a porta mais próxima.

No entanto, quando vivemos numa perspectiva eternal, o nosso sofrimento torna-se uma dádiva. A nossa determinação em terminar bem é fortalecida porque percebemos que o nosso sofrimento presente é pequeno, se comparado à alegria que experimentaremos por toda a eternidade. Verdadeiramente, a dor proporciona-nos a oportunidade de nos tornarmos mais semelhantes a Jesus. E quando isso acontece, ela se torna mais preciosa que o ouro, porque compreendemos que o ouro se finda, enquanto a fé permanece.

O grande pintor Renoir sofria com uma artrite debilitante. Em sua última década de vida, ele sentia tanta dor, que não podia sair de casa. Contudo, todos os dias ele descia da cama e lutava para chegar à tela e pintar.

Após assistir várias vezes a esta batalha diária, o seu amigo não pôde mais suportar. Olhou para Renoir e explodiu: "Por que, mesmo com tanto sofrimento, você continua a pintar?"

Renoir deu-lhe esta bela resposta: "A dor passa. A beleza permanece".

Oração: *Querido Jesus, o Senhor avisou-nos de que no mundo teríamos aflições. Por favor, consola-nos o coração ferido, e dá-nos a certeza de que tudo valerá a pena, quando nos reunirmos ao Senhor no céu.*

Pensamento do dia: Permita que a dor sirva aos seus propósitos, e o mundo admirará a beleza de Cristo em você.

24

PAZ EM MEIO À CRISE

Linda Lewis

No dia em que eu temer, hei de confiar em ti.
– Salmos 56.3

Naquele dia, esperávamos ansiosos a chegada de nosso segundo neto. O nosso filho Andy e a sua maravilhosa esposa, Paula, já haviam abençoado as nossas vidas com a preciosa Hannah de cabelos vermelhos. Mal podíamos esperar para ver se o menininho também seria ruivo, o que não era comum em nossa família.

Andy juntara-se a Coast Guard Reserves, depois do onze de setembro, e achava-se em Guantanamo Bay, Cuba. Ele fez um acordo para estar em casa duas semanas antes do dia previsto para o nascimento do filho. Os pais de Paula também viriam. Tudo fora planejado com perfeição para o alegre acontecimento, quando as duas famílias estariam partilhando a chegada do querido bebê.

O bebê, é claro, tinha os seus próprios planos: chegar três semanas antes, em vez de apenas duas. Paula e Hannah ficavam conosco, durante a ausência de Andy. E assim, numa certa manhã, bem cedo, Paula acordou Ângela, a nossa filha, com a notícia de que entrara em trabalho de parto! Levamos Paula ao hospital e permanecemos ao seu lado o dia inteiro. Quando ficou claro que as contrações estavam se intensificando, e que o nascimento era iminente, o meu esposo, Ernie, tirou Hannah do quarto e levou-a para a sala de espera, do outro lado do hall.

O médico e as enfermeiras entraram e dispuseram o equipamento necessário ao nascimento do bebê. Quando a movimentação se acalmou, percebi que eu me postara atrás da bandeja de parto, ao pé da cama, a fim de ter uma clara visão do bebê, assim que ele emergisse.

Paula fez todo o esforço necessário para expulsar o bebê. Quando a cabecinha surgiu, esperei emocionada para ver o restante. Mas não aconteceu. Nada aconteceu. Os ombros do bebê eram largos demais! O médico e as enfermeiras trabalharam arduamente para colocá-lo na posição correta e ajudar os ombros a passar.

De repente, um chamado aflito ouviu-se ao longo do corredor: "Enfermeira! Triagem! Enfermeira! Triagem!" Um exército de enfermeiras atravessou correndo o hall, em direção ao quarto de Paula. Pobre Ernie, no quarto do outro lado, com Hannah, viu a comoção e soube que havia problemas. Mas nada podia fazer. Ele orou.

O médico e as enfermeiras prosseguiram com vários métodos de puxar, empurrar, reposicionar. Eu estava subjugada pelo medo. Não podia mais olhar. Com indescritível desespero e impotência, procurei uma cadeira e clamei a Deus por misericórdia e ajuda.

Enquanto eu continuava a orar, veio-me à mente o último versículo bíblico que eu partilhara com as crianças da escola cristã, onde leciono. "No dia em que eu temer, hei de confiar em ti" (Sl 56.3). Tenho confiado em Deus desde a minha infância, e eu sabia que podia confiar nEle em meio àquela crise.

Senti acalmar-me de imediato, enquanto a paz inundava-me a mente e o coração. *Deus sabe tudo sobre esta situação, e Ele se importa, Ele nos ama, e ama a esse bebezinho.* Levantei-me e voltei ao meu posto ao tempo exato de ver o meu neto, Andrew Ernest, vir a este mundo. Experimentei o grande alívio partilhado por todos os que participaram daquele parto cheio de tensão.

Contudo, o alívio durou bem pouco. Logo percebemos que o bebê não respirava, não produzia qualquer som, nem se mexia. O médico entregou o pequeno Andrew ao grupo de enfermeiras. Após o que me pareceu uma eternidade — provavelmente uns cinco minutos — ouvimos o primeiro som, abençoado e suave, do bebê. Depois de permitir que Paula visse o filho, as enfermeiras correram com ele à UTI infantil, para as necessárias intervenções e observações. "No dia em que eu temer, hei de confiar em ti" tornou-se a minha canção tema. Andrew Ernest é agora um saudável menino de três anos, incrivelmente cheio de energia, e com um lindo cabelo ruivo.

O seu nascimento não foi o único milagre daquele dia. Andy crescera numa residência paroquial e sabia o que era viver para o Senhor. Contudo, escolhera um curso diferente.

Naqueles momentos cruciais, conversáramos várias vezes pelo celular, e eu lhe dissera para orar como nunca antes. Mais tarde, Andy contou-nos que fora para o seu aposento, e finalmente descobrira que, em seu estado espiritual, não podia sequer orar por sua esposa e seu bebê. Naquele instante, ele pediu perdão a Deus e tornou a dedicar-lhe a vida.

Louvo a Deus pela paz em meio à crise.

Oração: *Obrigada, Pai, por responder às orações de uma mãe.*

Pensamento do dia: Deus ainda trabalha de modos misteriosos para operar suas maravilhas.

25 

VÁ A JESUS

Gail MacDonald

Vinde a mim, todos os que estais cansados e oprimidos, e eu vos aliviarei.
– Mateus 11.28

Ficou-me dolorosamente claro, na última década, que tem crescido o número de mulheres descontentes no ministério. Por quê? Pergunto-me se não adotamos a idéia, divulgada em nossa cultura, de que a satisfação na vida corresponde à quantia de coisas que possuímos e ao controle que exercemos.

O meu esposo, Gordon, e eu estamos tentando reduzir — renunciar a "coisas" e ao controle. Isso nos tem feito pensar sobre perseguir *intencionalmente* o contentamento. Resumindo, o descontentamento em minha jornada tem se tornado uma bandeira vermelha. Recordo a mim mesma o que Paulo recomendou a Timóteo: "Tem cuidado de ti mesmo... persevera" (1 Tm 4.16).

Você está ciente de que as propagandas podem plantar sementes de descontentamento? Alguém já disse que as nossas mentes recebem, todos os dias, mais de 2.000 mensagens de "você precisa disto". Ai! Conhecendo o coração da mulher comprometida em servir a Cristo, acredito realmente que desejamos saber como superar isso. Eis aqui alguns pensamentos a respeito de como estou *tentando* combater o descontentamento.

Basicamente, trata-se de vir a Cristo, como somos convidados em Mateus 11.28. Quando busco descanso e paz em coisas e pessoas, em vez de em Cristo, fico desgostosa. O único caminho de volta é retornar à fonte da alegria — o próprio Jesus. E então, deitar-lhe aos pés o descontentamento.

Sim, conheço todas as desculpas. Eu mesma as tenho usado. Mas a verdade é que isso não é *opcional.* O meu relacionamento com Ele é mais importante que qualquer outro relacionamento. Ouvir o que Ele deseja falar-me demanda silêncio — muito silêncio.

Por exemplo, eu geralmente lido muito bem com o aquário do ministério. Certo domingo, no entanto, percebi estar com problemas. Eu sentia vontade de chorar e não sabia por quê. Não pude mais suportar o escrutínio. Virei-me para Gordon e disse-lhe que eu estava deixando o primeiro culto, a fim ir para casa e permanecer quieta diante do Senhor.

O simples ato de admitir que o caos interior chegara ao limite pareceu preparar o terreno para que o Espírito Santo viesse e inundasse-me com as razões para a minha confusão e o meu descontentamento. Sentei-me diante do computador e deixei que Ele falasse através dos meus dedos.

Eu fora subjugada pelas muitas coisas que haviam sido construídas, e com as quais eu não pudera lidar, até tirar aquele tempo extra de silêncio — coisas que eu estava *fingindo* não conhecer e que tinham de ser conhecidas.

A lista era longa. Os primeiros itens à superfície eram coisas que os outros haviam dito ou feito. O amoroso Espírito de Cristo, porém, graciosamente me lembrou de que eu precisava arrepender-me de minhas próprias atitudes a ações. Quando o fiz, senti-me lavada, revigorada, renovada, e pronta a retornar à nossa congregação.

Uma coisa é certa: devo praticar renúncia à posse todos os dias, porque tudo é emprestado. João Batista afirmou: "O homem não pode receber coisa alguma, se lhe não for dada do céu" (Jo 3.27).

Durante anos, tenho escrito que esses momentos de silêncio são a nossa "fogueira" interior com Cristo — aquele lugar onde somos intencionalmente aquecidos por sua presença. Uma vez que o fogo pode facilmente ser extinto, ele deve ser atiçado, alimentado, assoprado. Do contrário, não mais nos aquecerá, nem aos outros. De fato, se ignorado, esse fogo de Cristo pode tornar-se carvão frio e sem vida.

Há mais de quarenta anos, ouvi um missionário idoso dizer: "Um fogo não vigiado logo se torna um monte de cinzas". Tenho me apegado a essa verdade. Quando sinto que estou me tornando espiritualmente distante, pergunto-me: *Gail, como está a sua fogueira com Cristo hoje? Você não acha que deve vir a Ele?* Não posso delegar isso a outrem. Se eu não assumir como responsabilidade pessoal, não acontecerá.

Em todas as fases da vida ministerial, enfrentamos tentações que demandam a santa presença de Cristo para manter-nos na trilha. As mulheres mais jovens são tentadas a pensar que podem fazer tudo pela própria força e por seus talentos e dons naturais. As de meia-idade podem achar que as muitas responsabilidades distraem-nas do silêncio e do tempo "junto ao fogo". As mais velhas podem ser tentadas a trocar as disciplinas da chama interior por uma ética representada, mostrando-se espiritualmente críticas para com as mais jovens, por já haverem cumprido os seus deveres.

Sim, é fato que mulheres de todas as idades podem ser seduzidas pelo descontentamento. O antídoto é compreender que tudo nos é emprestado, e diariamente oferecer tudo de volta a Cristo. Então a nossa fogueira com Cristo arderá brilhantemente, aquecendo-nos o coração e aqueles à nossa volta.

Oração: *Que eu possa vir ao Senhor e desfrutar de momentos de quietude — sentada aos seus pés e aquecendo-me no fogo envolvente da sua presença.*

Pensamento do dia: Há grande beleza numa mulher contente.

26 

UM PASSO DE FÉ

Edie MacPherson

Porque eu bem sei os pensamentos que penso de vós, diz o Senhor; pensamentos de paz e não de mal, para vos dar o fim que esperais.
– Jeremias 29.11

Falemos de choque cultural. No ano 2000, o meu esposo Corey e eu estávamos absolutamente seguros de que Deus nos chamara do Kansas para fundar uma nova igreja em Long Island, New York. Como nativo de Long Island, Corey não teve problema de adaptação. Para mim — uma jovem esposa originária do Tennessee — as coisas foram diferentes. Começar o nosso ministério numa cultura tão diferente da minha levou-me ao meu limite.

Durante o meu segundo ano como esposa de pastor em Long Island, atingi um ponto realmente crítico. Tínhamos uma bebezinha, e ambos trabalhávamos em tempo integral. Corey era um pastor bivocacionado. Aos sábados, ele preparava a mensagem e o culto dominical. Num bom dia, conseguíamos ficar juntos por cerca de uma hora. Estávamos exaustos.

Tentar começar uma igreja numa região opulenta e diferente, com muitas culturas e crenças, era um desafio enorme. Numa sociedade politicamente correta, proclamar a Jesus como o único caminho para o Pai era considerado ofensivo — até para muitos "cristãos".

Muitos dos habitantes de Long Island eram nativos ricos, com famílias e grupos sociais profundamente estabelecidos. As suas poucas necessidades pareciam ser preenchidas por qualquer coisa, *menos* por Jesus.

Comecei a perceber que aquelas pessoas não precisavam de mim. E provavelmente nem se importavam se eu estava lá ou não. Esses sentimentos aprofundaram-se à medida que continuei a conflitar com uma cultura desconhecida e tão diferente da minha.

Quando partilhei esses desafios com outra pastora, ela replicou: "Para viver aqui, você precisa ter pele de crocodilo".

Mais tarde, ao relatar a conversa a Corey, exclamei frustrada: "Não quero ter pele de crocodilo!" E retirei-me. Afinal, se eu não era alguém do tipo casca grossa, por que haveria de querer ser?

À medida que nos aproximávamos de nosso segundo aniversário em Long Island, eu me tornava cada vez mais exausta e solitária. Apavorada, comecei a conscientizar-me: *Não gosto daqui!* E perguntava a mim mesma: *O que farei? Por quanto tempo teremos de ficar? E se eu continuar presa aqui para sempre?*

Naquele verão, retornamos ao Kansas de férias, e fomos à nossa igreja no domingo. O pastor pregou sobre as promessas de Deus, afirmando que elas são tão relevantes hoje quanto nos dias em que foram proferidas. Eu precisava ouvir essas palavras.

Enquanto nos aprontávamos para a viagem de volta, confessei a Corey: "Não quero voltar". Ele não se surpreendeu, e eu indaguei: "Por que devo retornar a um lugar onde as pessoas não se importam comigo, e nem parecem desejar que eu esteja lá?"

Simplesmente não parecia lógico. Às vezes, porém, lógica e obediência são coisas diferentes. Eu estava aprendendo que Deus se interessa por obediência. Entrei relutante no avião, embora sabendo que podia confiar em suas promessas. No fundo de meu coração, eu sabia que os seus propósitos e planos para nós em Long Island estavam longe de terminar.

Então, em resposta à mensagem de nosso pastor, comecei a buscar e a meditar nas promessas divinas, tais como Jeremias 29.11, Josué 1.5, Salmos 27.1, Isaías 41.4, Ageu 2.4,5, Isaías 32.17, Gálatas 6.9, 1 Tessalonicenses 5.16,17, e muitas outras.

Enquanto eu me concentrava na realidade dessas passagens, compreendi que a minha desesperada prevenção contra desenvolver uma "pele grossa" estava, de algum modo, criando em mim um coração duro, que me impedia de amar o meu povo e a minha comunidade como Deus desejava. A minha solidão profunda virou fome de estudar a Palavra e conhecer a mente e o coração de Deus. Embebida em suas promessas, eu soube que tinha uma escolha a fazer: continuar a retrair-me ou render-me.

Long Island ainda não me parece um lar. Mas aprendi a estar contente e a amar profundamente o nosso povo. Também aprendi que sentir-me em casa não é realmente o que importa. Deus chamou-me a investir a minha vida neste local agora. Meu foco deve estar nEle. Ele é o que importa.

E Deus renova-me a cada dia com as suas promessas.

Oração: *Obrigada, Pai, por ser sempre o meu vizinho — não importa onde eu viva.*

Pensamento do dia: O lar é junto ao coração do Bom Pastor.

27 

NOSSO GUIA FIEL

Ellen McWhirter

Ora, o Senhor disse a Abrão: Sai-te da tua terra, e da tua parentela, e da casa de teu pai, para a terra que eu te mostrarei.
– Gênesis 12.1

Não há dúvidas de que o Santo Espírito de Deus está trabalhando ativamente, hoje, no mundo e na vida daqueles que lhe respondem. Ele encontra-se tão presente hoje em Minneapolis quanto esteve presente na Mesopotâmia, há muito tempo; acha-se tão presente na Califórnia, quanto na antiga Caldéia. Pode haver algo mais reconfortante e fortalecedor para o povo de Deus? Há anos, vi o exemplo dessa verdade na vida de meus pais, quando eles responderam à convocação do Espírito Santo.

Poucas lembranças de minha infância são tão indeléveis quanto uma noite em particular, quando eu tinha cinco anos, e achava-me sentada à mesa de jantar com os meus pais e meus irmãos menores. Mamãe e papai eram amáveis, amorosos e moralmente bons, mas não freqüentavam uma igreja nem conheciam a Jesus como o seu Salvador pessoal.

Naquela noite, ouvi-os falar de coisas espirituais pela primeira vez. Eles estavam experimentando uma forte e inexplicável fome espiritual. Surpreendentemente, isso aconteceu sem que um pregador, um professor ou uma igreja os guiasse. Eles foram receptores de uma ação sobrenatural — uma obra direta e convincente do Espírito Santo.

À volta da mesa, naquela noite, ouvi-os conversar sobre procurar uma igreja. Minha mãe nascera e fora criada no catolicismo, porém nunca fora uma católica praticante. Meu pai tinha um passado protestante genérico, mas pouquíssima associação com alguma igreja específica.

Então papai lembrou-se de seu primo Hershel, que era membro ativo de uma pequena igreja rural. Embora meu pai não soubesse que espécie de igreja era a dele, mamãe instou-o a ligar para Hershel. Papai levantou-se da mesa e fez a ligação. Ele perguntou a Hershel se ele ainda freqüentava a igreja. Hershel respondeu que sim e convidou-nos a acompanhá-los ao culto no domingo seguinte, e também para uma refeição em sua casa.

O domingo mais memorável de minha vida, e talvez o mais formativo, foi aquele em que a minha família compareceu unida à igreja. Após o culto da manhã, fomos à casa do primo Hershel para o almoço. Já estávamos para sair, quando a família convidou-nos a ficar e a ir com eles ao culto noturno. Aceitamos.

Naquela noite, quando foi lançado o apelo, papai conduziu a família pelo corredor, até o altar. Permanecemos lá, em pé, por alguns minutos, sem saber ao certo o que fazer, até que o pastor pediu-nos que ajoelhássemos. No altar, naquela noite, os meus pais nasceram de novo.

Meu pai abandonou, imediatamente, o vício do cigarro e o hábito de beber socialmente. Ele e minha mãe tornaram-se exuberantes ganhadores de almas, levando a Cristo muitos de nossos parentes e amigos. O nosso lar mudou, abruptamente, de um lar que não cria em Jesus para um centrado em Cristo. A mudança radical foi impactante.

Embora Abraão vivesse de modo diferente da vida modesta e obscura de meus pais, vejo entre eles uma empolgante analogia. Não totalmente diferente do que ocorreu com os meus pais, a chamada de Deus a Abraão veio-lhe sem que um profeta, um pregador ou professor o guiasse e o instruísse acerca do Deus vivo e verdadeiro.

Numa civilização desenvolvida e avançada, porém pagã, Abraão recebeu uma palavra sobrenatural, diretamente de Deus. O Senhor convocou-o a deixar a pátria, a romper de vez com o país e a cultura que sempre conhecera, e rumar a um destino ignorado.

Cerca de quarenta séculos mais tarde, e distante meio mundo de lá, o mesmo Espírito Santo que atuou na vida de Abraão moveu-se também na vida de meus pais. Semelhante ao que fez a Abraão, sem a intervenção de um pregador, de um guia religioso ou de uma igreja, o Espírito Santo conduziu a minha família a Cristo e à sua Igreja.

Não fosse por isso, provavelmente a minha vida teria tomado um rumo completamente oposto e não cristão. Conforme o Espírito Santo guiou-me os passos, conheci e casei-me com Stuart, um evangelista internacional. Que bênção tem sido partilhar de seu ministério na América do Norte e noutros cinco continentes!

Agradeço a Deus por haver chamado os meus pais e eles terem respondido. E sou-lhe muito grata por Ele guiar, literalmente, os meus passos até as partes mais distantes do mundo.

Oração: *Obrigada, bendito Espírito Santo, por sua divina orientação.*

Pensamento do dia: Encontramos força espiritual abundante ao meditarmos na realidade do Espírito Santo habitando hoje em cada filho de Deus.

28 QUANDO O AMOR NÃO É SUFICIENTE

Joyce Mehl

Com amor eterno te amei.
– Jeremias 31.3

A família Mehl estava saboreando espigas de milho verde e outras iguarias no almoço, quando um toque sonoro intrometeu-se em nosso momento familiar — aquela campainha que parecia soar tão freqüentemente em nossas refeições.

Ron, o meu esposo e pastor, e os meus dois filhos levantaram os olhos de suas espigas. "Ninguém se mova!", ordenei. "Continuem comendo. Eu atendo."

Relutante, deixei minha família à mesa e fui silenciar a campainha estridente. A pequena "criatura" preta, sobre a escrivaninha, sempre se intrometia em nossa intimidade — tão logo nos sentávamos para comer. Eu estava convencida de que havia alguma conexão invisível entre a criatura e a mesa!

A minha frustração deve ter percorrido o telefone, porque a voz do outro lado expressou um tom de pesar ao pedir para falar com o pastor. Soou também preocupada, talvez desesperada. Imediatamente senti vergonha de meus sentimentos.

Enquanto eu pousava o receptor para chamar Ron, o Espírito Santo falou-me ao coração: *O amor não é cômodo.* Ele só precisou dessas cinco palavrinhas para trazer-me à mente algo que me dissera nos primeiros anos de nosso pastorado.

Em nossa pequena, porém crescente, igreja, tínhamos um casal com necessidades profundas e exigentes. Perdi a conta das chamadas telefônicas no meio da noite e das missões de resgate envolvendo esse casal. Foi num desses eventos da madrugada que senti, pela primeira vez, o despertar da minha frustração.

"Por que eles nunca têm problema num horário conveniente?", reclamei a Ron. "Por que sempre tem de ser no meio na noite?"

Imediatamente, as palavras do Espírito Santo vieram em forma de questão: *Você ama essas pessoas?*

Claro que amo, pensei.

Mas eu sabia o que Ele estava me dizendo. Eu os amava quando me era cômodo. Amava-os quando isso não interferia em meu sono ou em minha agenda. Não que eu não os amasse; todavia, amava-os com o meu amor, não com o dEle.

E isso simplesmente não bastava.

Quando respondemos ao chamado divino para cuidar da igreja, tive medo e senti-me inadequada sob vários aspectos. Eu desejava ser uma esposa de pastor que agradasse a Deus e humildemente servisse ao povo que Ele nos estava confiando. Senti uma tremenda responsabilidade. Mas o que podia eu fazer? Eu não sabia tocar piano. Não sabia cantar. Não sabia conduzir a adoração.

Quando partilhei esses temores com uma amiga querida e mentora, uma sábia e experiente esposa de pastor, ela disse-me algo de que sempre me lembro: "Mas, Joyce, você pode amar essa gente", foi o que ela me sugeriu sorrindo.

Tenho pensado nesse sorriso ao longo dos anos. Suspeito que um comentário não proferido o tenha acompanhado; talvez algo como: *E você aprenderá que o seu amor não é suficiente — o amor de Deus é que deve atuar através de você.*

O meu amor se cansa e desiste de esperar. O meu amor fica desapontado e frustrado. Noutras palavras, o meu amor falha. Mas o dEle não. O amor de Deus toma as asas da águia e não se fatiga (Veja Is 40.31.) O seu amor é eterno (Jr 31.3). Nada pode separar-nos de seu amor — nem a morte, nem a vida, nem os anjos, principados, potestades, coisas presentes ou coisas por vir; nem altura, nem profundidade ou qualquer outra criatura (Rm 8.38,39).

Nem agenda, sono ou jantar!

Tenho um querido amiguinho de quatro anos, o meu neto Warner. Ele me ama e eu o amo apaixonadamente. Quando tinha apenas dois anos, Warner tinha um modo especial de despedir-se de mim quando ia embora. Ele abria os bracinhos roliços o mais que podia e exclamava: "Vovó, eu te amo mais que ao mundo inteiro!"

E eu sabia que ele estava dizendo a verdade. Sabia que Warner faria por mim qualquer coisa neste vasto mundo — isto é, qualquer coisa que uma criança de dois anos pudesse fazer.

Outro alguém abriu os braços para mim — e para você também: Jesus Cristo.

Contudo, os seus braços não se abriram para um abraço. As suas mãos foram cravadas numa cruz romana. Os seus braços amplamente abertos naquela cruz diziam ao mundo inteiro: "Eu te amo mais que a minha vida, mais que a qualquer coisa".

Podemos dizer o mesmo ao ferido e ao solitário? Estamos dispostos a abrir os braços ao desesperado e ao enfermo, e a amá-los mais que a qualquer coisa neste mundo?

Mais que aos nossos desejos?

Mais que as nossas necessidades?

Mais que aos nossos planos?

E talvez mais que a um sossegado almoço de domingo, e mais que a uma espiga de milho verde?

Oração: *Pai querido, que eu ame com o seu amor.*

Pensamento do dia: Quando permitimos que o amor de Deus flua para dentro de nós, facultamos a esse amor fluir por nosso intermédio.

29

UM SOCORRO BEM PRESENTE

Annie Montgomery

Deus é o nosso refúgio e fortaleza, socorro bem presente na angústia.
– Salmos 46.1

Era um perfeito dia de verão. O sol brilhava, o céu era de cristal, e a terra toda estava cheia da glória de Deus! Nunca me esqueci daquela data — 19 de junho de 2003 — dois dias antes de meu qüinquagésimo terceiro aniversário.

Naquele dia, Lincoln, o meu amável esposo, levara-me a almoçar em meu restaurante predileto. Depois ele convidou-me para ir ao shopping, onde escolhi o meu presente de aniversário! Finalmente, despedimo-nos com um beijo. Lincoln retornou à igreja que pastoreava, e eu, ao trabalho.

Poucos minutos mais tarde, parada no semáforo, à espera de que o sinal vermelho mudasse para verde, senti uma pancada e ouvi um assovio. Os pneus de meu carro giraram descontrolados. Eu estivera de cabeça baixa, olhando para o som do carro, e não vi o que me atingira.

Repentinamente, senti-me num rodopio de um parque de diversão. Embora parecesse uma eternidade, foi preciso apenas alguns segundos para eu compreender o que acontecera: eu fora atingida por outro veículo.

Gritei "Jesus!", e abracei-me a mim mesma, enquanto o meu carro batia de poste em poste, arrastando uma fileira de cercas vivas, até finalmente parar. Minha cabeça golpeara o volante com tanta força, que eu fiquei atordoada pela dor.

O natural seria eu entrar em pânico, mas não sei descrever o que aconteceu, exceto que percebi, de modo tangível, a presença do Senhor. Senti, ouvi, enxerguei, cheirei e apreciei o Senhor acalmando o meu medo e afastando a minha ansiedade. Em meu instante mais vulnerável, não entrei em pânico, e senti-me dominada por um senso de calma e paz.

Diversas pessoas pararam e vieram em meu auxílio. Um bombeiro de folga permaneceu comigo e ligou para Lincoln, que chegou em poucos minutos. Ouvi a sirene da ambulância e as vozes dos policiais, dos paramédicos, de Lincoln e até de um antigo colega de classe. Mas a presença que se destacava era a de Deus. Não entrei em pânico — eu me achava segura na presença do meu Senhor.

Os paramédicos imobilizaram-me na maca, com um suporte à volta do meu pescoço, e dispararam comigo para o hospital mais próximo. Após uma série de testes e exames, os médicos afirmaram que eu tinha sorte de estar viva, e liberaram-me.

Quando a minha família reuniu-se à minha volta, as lágrimas rolaram-me pela face. Eles pensaram que eu estivesse sofrendo, mas aquelas eram lágrimas de alegria e maravilhamento por tudo o que eu experimentara na presença do Senhor.

No dia seguinte, os meus olhos estavam escuros e azulados; a minha cabeça, machucada, inchada e dolorida; e o meu corpo inteiro doía. Passaram-se semanas antes que eu parecesse normal outra vez, e continuei tendo dores de cabeça por quase um ano. O lindo carrinho que Lincoln me dera de presente de aniversário quando completei 50 anos, três anos antes, fora amassado como uma sanfona pela grande pick-up que o atingira em alta velocidade. Não importava — eu experimentara a presença de Deus.

Aprendi, há muito tempo, que Deus prometeu nunca nos abandonar. Ele é um socorro verdadeiramente presente em tempos de angústia, e ainda que atravessemos o vale da sombra da morte, Ele permanece conosco. Eu sabia, pela fé, que Ele estava comigo durante as muitas crises, ao longo dos anos. De alguma forma, porém, dessa vez fora diferente — ou talvez eu estivesse diferente. Eu senti a presença do Senhor.

Por quê? Bem, creio que Deus usou o meu acidente como um testemunho para os cépticos, de que Ele está conosco. Ele é real. Ele é o nosso grande Jeová.

Davi e Paulo descreveram eloqüentemente o que senti. Em Salmos 139.7, Davi indaga: "Para onde me irei do teu Espírito ou para onde fugirei da tua face?" Paulo escreve: "Porque estou certo de que nem a morte, nem a vida, nem os anjos, nem os principados, nem as potestades, nem o presente, nem o porvir, nem a altura, nem a profundidade, nem alguma outra criatura nos poderá separar do amor de Deus, que está em Cristo Jesus, nosso Senhor!" (Rm 8.38,39).

Não, jamais esquecerei aquele glorioso dia de verão. Esse foi o dia em que experimentei a incrível presença do Senhor, de um modo novo e poderoso.

Oração: *Obrigada, Pai, por sua presença envolvente.*

Pensamento do dia: O nosso Pai sustenta-nos em tempos de angústia.

30

TORDOS NÃO TÊM RUGAS

Joyce Williams

Olhai para as aves do céu, que não semeiam, nem segam, nem ajuntam em celeiros; e vosso Pai celestial as alimenta. Não tendes vós muito mais valor do que elas?
– Mateus 6.26

Mergulhada em pensamentos, eu arrastava os pés entre as folhas mortas e úmidas da floresta do Kansas, naquela manhã de começo de inverno, poucos anos atrás. Com as mãos confortavelmente enfiadas nos bolsos de minha jaqueta impermeável, eu seguia adiante, olhando para o alto de vez em quando. Fardos de cuidados pressionavam-me a alma para o fundo, e eu podia sentir o peso da carga quase de modo tangível. A minha testa enrugava-se de ansiedade.

De repente, um lampejo avermelhado tremeluziu entre os galhos sem folhas das árvores. Diminuí o passo, e surpreendi-me ao ver um tordo pousado num galho, gorjeando. O que fazia um tordo no longínquo norte, naquela época do ano? E como ele podia cantar no ar gelado? Teria ele entendido mal a agenda de vôo de seu bando? Como perdera a hora da partida para a migração ao Sul ensolarado e quente? Antes que eu pudesse impedir-me, comecei a preocupar-me com o pássaro. Afinal, o que era uma preocupação a mais numa lista já longa?

Então o meu Pai começou a repreender-me. Por que eu estava tão aflita? E trouxe-me à mente a sua promessa de Mateus

6.25,26: "Por isso, vos digo: não andeis cuidadosos quanto à vossa vida [...] Olhai para as aves do céu, que não semeiam, nem segam, nem ajuntam em celeiros; e vosso Pai celestial as alimenta".

A convicção cresceu dentro em mim, enquanto eu caminhava chutando as folhas. Na capela formada por galhos nus, o Senhor passou a ensinar-me uma antiga lição. Ele recordou-me que, embora eu tivesse o direito terreno de me preocupar, não havia razão celestial que justificasse a minha ansiedade.

Era verdade que os últimos meses haviam sido de crises. Mentalmente, comecei a desfiar as ladainhas inquietantes, enquanto revia cada momento difícil. Gene e eu chegáramos a rir e falar sobre a empatia que tínhamos com um amigo do Antigo Testamento, o irmão Jó, quando, por vários dias, cada telefonema parecia trazer uma nova crise. Sentíamos como se estivéssemos em meio à "síndrome de Jó". Éramos tentados a desligar o telefone e desfazer-nos dos celulares.

Novamente os meus pensamentos foram atraídos a Mateus 6.34: "Não vos inquieteis, pois, pelo dia de amanhã [...] Basta a cada dia o seu mal". Não é verdade? O *hoje* encontrava-se já sobrecarregado de problemas. Como podia eu tomar emprestado os problemas do *amanhã*? Eu já começava a preocupar-me por estar preocupada! Era o cúmulo do ridículo! Compreendo, realmente, o brado angustiado daquele pai a Jesus: "Eu creio, Senhor! Ajuda a minha incredulidade!" (Mc 9.24). Declaração paradoxal! Contudo, verdadeira. Eu renunciava às minhas cargas, e então as tomava de volta.

Mais uma vez, a mancha avermelhada flamejou em meu caminho, e eu observei aquele tordo arredondado, confiante e alegre, aparentemente esquecido do perigo que o cercava. Ele não estava disposto a deixar que a solidão gelada do inverno roubasse-lhe a confiança que depositava no Criador. E o meu coração começou a levantar-se. Lembrei-me das palavras de meu estudo bíblico daquela manhã: "Não estejais inquietos por coisa alguma; antes, as vossas petições sejam em tudo conhecidas diante de Deus, pela oração e súplicas, com ação de graças" (Fp 4.6). As orações encheram-me o coração, enquanto percorri a minha lista.

À medida que continuava a orar, senti-me envolta por um indescritível acolchoado de paz. O versículo seguinte abençoou-me a alma: "E a paz de Deus, que excede todo o entendimento, guardará os vossos corações e os vossos sentimentos em Cristo Jesus" (v. 7). Confiantemente, acelerei o passo e repeti vez após vez: "Posso todas as coisas naquele que me fortalece" (v. 13). A paz e uma esperança renovada permearam-me enquanto eu caminhava de volta para o hotel, pronta a enfrentar a próxima crise.

O meu belo amigo emplumado despertara-me para a essência dessas passagens queridas. E louvei a Deus porque as suas promessas não são apenas para as aves!

Oração: *Pai, por favor, ajude-me a sempre descansar em seu amoroso cuidado. As suas promessas são tudo o que preciso para sustentar-me.*

Pensamento do dia: Sou imensamente grata pelas prescrições anti-rugas incluídas nas promessas da Palavra.

31

GUARDE O SEU CORAÇÃO

Pam Morgan

Sobre tudo o que se deve guardar, guarda o teu coração, porque dele procedem as saídas da vida.
– Provérbios 4.23

Por se falar em susto, Larry, o meu marido aparentemente saudável, e com quem eu estava casada havia trinta anos, acabara de saber que precisaria de uma cirurgia emergencial. Repentinamente, achamo-nos num quarto de hospital, tentando preparar-nos mental e emocionalmente para a principal cirurgia da manhã seguinte.

Fomos informados de que se o problema de Larry não houvesse sido detectado num check-up rotineiro, em duas ou três semanas ele poderia sofrer um ataque cardíaco fulminante, que lhe tiraria a vida. Pela providência de Deus, os testes revelaram que um problema genético levara as artérias coronárias de Larry ao colapso. Dentro de vinte e quatro horas, a partir de seu ecocardiograma, Larry foi operado e recebeu cinco pontes de safena.

Larry e eu nos conhecemos desde os sete anos. Sempre achamos que terminaríamos juntos. De fato, já naquela tenra idade, Larry confidenciou ao primo que, um dia, iria se casar comigo. Sendo um homem de palavra, manteve a promessa!

Esperando no hospital, naquele dia, eu cogitava no que esse novo desafio significaria para o nosso futuro. Eu flagelava-me com os "e se". E se a cirurgia não desse certo? E se Larry morresse? Gostávamos imensamente de pastorear juntos. E se Larry não mais pudesse continuar no ministério?

Naquela noite, no quarto escuro do hospital, enquanto Larry dormia, eu me achava totalmente desperta. Fragmentos das Escrituras pipocavam-me na mente: "Uns confiam em carros, e outros, em cavalos, mas nós faremos menção do nome do Senhor, nosso Deus" (Sl 20.7). Eu sabia que essas palavras vinham de um hino que eu cantara, mas por que esse estribilho, em particular, continuava rodando em minha mente?

Mais tarde, senti-me impelida a reler o Salmo 20, o texto que eu lera na manhã daquele dia. Era a passagem que eu ficara "ouvindo" durante a noite. Ela começava com "O Senhor te ouça no dia da angústia; o nome do Deus de Jacó te proteja. Envie-te socorro desde o seu santuário e te sustenha desde Sião... Agora sei que o Senhor salva o seu ungido" (vv. 1,2,6). E lá estava o versículo 7: "Uns confiam em carros, e outros, em cavalos, mas nós faremos menção do nome do Senhor, nosso Deus". Chorei ao ler esses versículos. Senti que Deus falara comigo de um modo íntimo e pessoal.

Ao ler apressadamente o Salmo 20 pela manhã, eu não tinha idéia de que estaria enfrentando tal crise naquele mesmo dia. Mas *Deus* sabia. Como sou grata por haver lido a sua Palavra. Ele preparara-me para a provação, lembrando-me que é importante guardar o meu coração através de um relacionamento ininterrupto com Ele.

Com os nossos filhos e familiares tão distantes, fui tentada a sentir-me sozinha durante aquelas horas noturnas. Deus, porém, sabia exatamente do que eu precisava. Ele enviou "socorro desde o seu santuário" — um maravilhoso grupo de crentes de nossa igreja.

Tenho pensado muito sobre oração, desde que vivemos essa crise. O nosso coração físico é o centro de nosso bem-estar, porque ele supre de sangue o restante de nosso corpo. Por isso, temos de protegê-lo de qualquer coisa que possa pôr em risco a nossa saúde física.

O mesmo se dá com o nosso coração espiritual, centro de nossa vida cristã. Ele deve ser igualmente protegido. "Sobre tudo o que se deve guardar, guarda o teu coração, porque dele procedem as saídas da vida". Devemos permitir que a Palavra de Deus penetre-nos o coração e permeie-nos o ser. Quando nos apegamos a suas promessas e as guardamos bem, somos protegidos contra os ataques do Maligno, que busca desanimar-nos e manter-nos num estado de ansiedade.

Posso testificar que teria sido fácil escancarar a porta de meu coração e deixar a ansiedade e o estresse dominar-me durante a crise de Larry. Não obstante, o meu Pai celeste segurou-me firmemente, enquanto eu punha a minha confiança nEle e em sua Palavra.

As nossas orações foram respondidas, e hoje regozijo-me por Larry ter um coração tão bom, como se fosse novo!

Deus conhece os problemas que enfrentaremos, e já fez para nós as provisões. Quando andamos diariamente com Ele, o Senhor guarda-nos o coração e dá-nos a paz que excede o entendimento.

Sei que é verdade, porque Ele fez isso por mim!

Oração: *Pai, obrigada por manter e guardar a nossa confiança até o dia em que o veremos.*

Pensamento do dia: Acima de tudo nesta vida, devemos guardar a condição de nosso coração espiritual.

32  QUEBRADA DEMAIS PARA CONFIAR

Kelly Pankratz

Confia no Senhor de todo o teu coração e não te estribes no teu próprio entendimento.
– Provérbios 3.5

Eu me achava no oitavo mês de gravidez de nosso segundo bebê quando Tonya, a minha melhor amiga, cometeu suicídio. Eu não estava preparada para a explosão emocional das circunstâncias de sua morte.

Como esposa do pastor, eu queria ser forte diante da congregação e responder às questões que cercam o suicídio. O melhor que eu podia fazer era enterrar bem fundo as minhas emoções e mostrar-me forte a todos. Não houve tempo para eu lidar com a morte de minha melhor amiga — morte que lhe viera pelas próprias mãos.

Além de eu estar prestes a ter um bebê, o nosso filho mais velho não passava de um menininho de treze meses, que carecia de minha atenção. Dar tudo de mim aos outros me exauriu, e não sobrou nada para mim mesma. Eu também necessitava de consolo. Tinha tantas perguntas para Deus, acerca do modo como Tonya morrera, que era difícil confiar nEle. Descobri-me culpando-o por não havê-la impedido. Eu não sabia para onde me virar. Sem compreender o que fazia, voltei-me para a comida. Assim começou a minha batalha vitalícia com a bulimia.

Em casa com as crianças, eu consumia alimento sabendo que podia ir ao banheiro, e purgar, e novamente me sentir bem. O que eu não podia fazer era purgar as feridas emocionais da morte de Tonya, e continuei fingindo não haver nada errado. Passei a precisar de uma quantia cada vez maior de comida para experimentar o conforto necessário e atuar em um nível normal. Por dentro, eu era um redemoinho de emoções completamente fora de controle; mas por fora, eu me saía bem com a fachada de esposa de pastor. Não durou muito, entretanto, até que a comida vencesse e começasse a mostrar seu efeito em meu corpo. O meu peso aumentava, e a minha auto-estima decrescia. Eu experimentava, diariamente, uma culpa enorme por sentir que não estava à altura do que uma cristã deveria ser — para não mencionar o que deveria ser a esposa de um pastor.

Eu via a minha vida como um exemplo da batalha que se desenrola entre Deus e o Inimigo. Satanás estava empenhando toda a sua força para impedir-me de sossegar perante Deus e lidar com a minha dor. Quanto mais eu me retraía de Deus e afundava nas ocupações do dia, mais eu me feria. Continuamente, Deus me procurava e me chamava para si. Quando me conscientizei de que me apoiar em meu próprio conhecimento não funcionava, eu já me achava profundamente emaranhada na bulimia.

O surpreendente é que servimos a um Deus implacável. Ele perseguia-me com paixão, não desistindo de mim nem quando eu própria desisti e voltei-me à comida. No silêncio daquelas noites, enquanto eu embalava a minha filha, Deus derramou sobre mim o seu terno amor.

Eu adoraria dizer-lhe que fui totalmente curada de minha guerra com a bulimia, mas enfrento-a todos os dias. De um modo que só Ele é capaz, Deus tem tomado a bulimia e usado-a a fim de puxar-me para mais perto ainda, abrindo-me os olhos e fazendo-me compreender que preciso confiar inteiramente nEle.

Através do imenso amor de Deus, passei a entender que o sucesso de minha vida como esposa de pastor é determinado pela quantidade de tempo que despendo aos seus pés.

Não é pelo que eu sou, nem pelo que eu faço em minha força. E certamente não é pelo fato de eu usar tamanho 38 ou 62. Deus me ama pelo que eu sou interiormente, e esforçar-me-ei para ser a pessoa que Ele planejou ao me criar: sua adoradora.

Oração: *Pai, continue a atrair-me aos seus pés. Conceda-me um desejo intenso de passar mais tempo com o Senhor e menos tempo centrada em mim.*

Pensamento do dia: O importante não é o que somos, nem o que realizamos, nem o que parecemos. O que mais importa é a vida gasta com Jesus.

33 

A VIDA CONTINUA

Jodie Pinckard

Muitos propósitos há no coração do homem,
mas o conselho do Senhor permanecerá.
– Provérbios 19.21

Esperamos pelo nascimento de Mark durante nove meses, mas nunca antecipamos a sua morte.

No dia 20 de maio, de 2002, eu estava explicando a matéria a um aluno, quando a diretora abriu a porta: "Jodie, pode vir até o escritório?"

Quando entrei, ela pediu que eu me sentasse e contou. "Mark sofreu um acidente. Ele está sendo levado ao hospital de ambulância".

Eu sabia que Mark era um bom motorista, e naquele dia ele estava usando a nossa *Suburban*, de 750 quilos. Eu não estava preocupada ao transmitir a mensagem a Phil, meu esposo, que é capelão no Medical Center of South Arkansas. O *pager* de Phil vibrou às 14:13. Quando ele retornou a ligação, combinamos de nos encontrar do lado de fora da sala de emergência.

Eu não estava preparada para todo aquele sangue sobre o meu filho e para os seus profundos gemidos de dor, enquanto ele passava pelas portas do hospital. Ansiedade, confusão, choque e lágrimas cobriam a face de seus amigos. Eles continuaram a chegar — amigos da banda, do teatro e do futebol, e colegas de classe que haviam se formado com ele uma semana antes. Enquanto esperávamos fora da sala de emergência, Heather, a irmã de Mark, estava dirigindo da faculdade para casa. Ela pretendia passar o verão com Mark.

E Mark tinha planos maravilhosos para depois de completado o Ensino Médio. Queria ser engenheiro mecânico e fazer o doutorado. Ele sabia que haveria mudanças em sua vida, enquanto escrevia o seu ensaio para a faculdade: "Agora devo preparar-me para os anos à frente, quando deverei me conduzir sozinho, sem a luz orientadora de meus pais, mas sempre procurar enxergar a luz de Deus e segui-la firmemente".

A princípio, embora com um braço e uma clavícula quebrados, a mandíbula fraturada, e o pulmão esquerdo afetado, a vida de Mark não estava ameaçada. Não obstante, quando o instalaram na UTI, algo saiu errado. Suas pupilas tornaram-se desiguais e sem reação. Durante um procedimento, o seu coração parou e recebeu choque para voltar ao ritmo. Mark foi posto num respirador. Os exames revelaram um hematoma sub-epidural. Uma artéria rompera-se entre o crânio e o cérebro.

Heather chegou ao hospital minutos antes de o médico informar-nos da hemorragia no cérebro de Mark. Phil ajoelhou-se à minha frente, tomou-me as mãos e contou-me: "Querida, ele se foi!" A personalidade singular de Mark fora-se para sempre.

Phil fez uma pausa e perguntou-me: "O que você acha, devemos doar os seus órgãos?" "Sim", sussurrei. Enquanto as enfermeiras da UTI mantinham-lhe o corpo para a conservação dos órgãos, um enxame de amigos entrou na sala para vê-lo. Poucas horas depois de havermos consentido na doação, soubemos que, três semanas antes, na aula de francês, os alunos haviam discutido a doação de órgãos e tecidos. Mark declarara: "Se algo me acontecesse, eu gostaria que tirassem tudo o que pudesse ser usado, porque aonde eu estaria indo eu não precisaria deles". Deus confirmou, através do próprio Mark, que fizéramos a coisa certa.

Lembrei-me de uma das citações favoritas de Mark: "A vida é o que acontece enquanto se está ocupado fazendo outros planos". Embora Mark estivesse morto, a vida continuava enquanto se localizavam as pessoas que esperavam por um órgão ou uma córnea.

O fígado, os rins e as córneas de Mark foram transplantados em cinco receptores. Como capelão da área de saúde, Phil sempre assistia famílias enlutadas, enquanto consentiam na doação de órgãos e tecidos. As doações aumentaram muito desde o falecimento de Mark.

Conhecemos apenas uma das receptoras de órgão de Mark. Caitlin Pendzinski tinha quatro anos quando recebeu um rim de nosso filho. Um vínculo especial estabeleceu-se entre as nossas famílias. Dois anos após a morte de Mark, ao planejar o casamento, Heather pediu que Caitlin fosse a sua dama das flores.

Lágrimas de alegria inundaram-nos os olhos, ao ver a garotinha de seis anos e olhar brilhante percorrer o corredor, levando uma cesta de pétalas de rosas. Caitlin está viva e bem, por causa do rim de Mark. Ninguém diria que essa menina saudável fora alimentada por meio de tubos e fizera diálise durante os quatro primeiros anos de vida. Verdadeiramente, uma parte de Mark estava conosco no casamento de Heather, incorporada à nova vida de Caitlin.

Apesar da angústia e da dor profunda pela morte de nosso filho, Deus me tem confortado através de outras pessoas, com um abraço, um afago na mão, ou com a frase: "Também sinto falta dele". Consigo sorrir ao olhar as fotos do casamento de Heather, porque a vida de Mark continua, e os propósitos de Deus prevalecem — através de Caitlin.

Oração: *Obrigada, Pai, porque em nosso sofrimento mais profundo, somos confortados por sua esperança eterna.*

Pensamento do dia: A nossa esperança está nas coisas eternas.

34

CHOCOLATES E PROVAÇÕES

Nancy Roberts

Por que estás abatida, ó minha alma? E por que te perturbas dentro de mim? Espera em Deus, pois ainda o louvarei. Ele é a salvação da minha face e Deus meu.
– Salmos 43.5

Jamais sonhei morar em Bruxelas, Bélgica, a capital mundial do chocolate! A Bélgica é conhecida por seus deliciosos chocolates, com 48% de cacau puro, importado de regiões exóticas.

A imagem mental de amigos à volta de uma mesa, tomando café e chocolate, evoca uma sensação de luxo e bem-estar. Contudo, esses mesmos amigos podem enfrentar experiências capazes de abalar a fé, e provações tão severas, que os trituram além do que eles acreditam suportar. Tais lutas sobrevêm também aos que se acham no ministério.

Vinte e dois anos antes, mudáramo-nos para uma igreja na área central, com uma forte organização e muitas pessoas talentosas. Empolgados com as oportunidades ministeriais, sentíramo-nos guiados a fixar-nos lá para um longo e produtivo pastorado. Realmente, tivemos alguns anos grandiosos.

No entanto, deparamo-nos com difíceis questões de poder, controle e corações magoados, para as quais não havia respostas fáceis. Muitas pessoas queridas serviram fielmente durante anos, mas a igreja veio a tornar-se presa de uma oposição forte e de um espírito de divisão. Achamo-nos tratados duramente pela igreja a quem servíramos por mais de vinte anos. Sentimo-nos devastados.

Buscamos a vontade e a direção de Deus, bem como o conforto de sua Palavra. Repetidas vezes rendemos tudo ao Senhor, suplicando-lhe que nos guiasse através desse período escuro. Nossos familiares e amigos foram um grande encorajamento. Eles nos consolaram enquanto lamentávamos a perda do que, pensáramos, seria o trabalho de nossa vida.

Roger gostava de jardinagem, e havia plantado várias árvores num campo vazio, atrás de nossa casa. Durante anos, aquelas árvores forneceram a sombra necessária e muita recreação. Mas certo dia, logo após havermos posto a casa à venda, apareceram cinco escavadoras devastando aquele campo tão agradável. Em poucas horas, as árvores foram destruídas para dar lugar a um empreendimento imobiliário.

Senti-me esmagada. Aquilo foi como um golpe final, acrescentando insulto à injúria. Enquanto eu chorava, Deus recordou-me que aquelas árvores haviam sido nossas para delas desfrutarmos durante muitos anos, até dias antes de nossa mudança. Pareceu-me ser a confirmação de que o nosso propósito fora cumprido.

Assim, conhecendo que Deus é soberano, que nada o pega de surpresa e que Ele se acha no controle de nossas circunstâncias, confiamos nEle para realizar a sua vontade perfeita em nossa vida, bem como na dos membros de nossa igreja. Muitos deles foram tão feridos quanto nós. Aprendemos a entregar as nossas mágoas ou amarguras a Deus, e a suplicar a sua bênção sobre o povo.

Finalmente, a nossa chamada para Bruxelas foi confirmada. Alegremente abraçamos a sua vontade para nós. Foi reanimador antecipar um novo começo numa igreja internacional.

Arrumando os nossos pertences, abri uma caixa quebradiça, que guardava algumas bandeiras feitas por mim quando criança.

Eu até já me esquecera de como, aos dez anos de idade, eu colorira aquelas bandeiras em pedaços de lençóis gastos, copiando-as de minha velha enciclopédia. As cores ainda se achavam vívidas, depois de cinqüenta anos naquela caixa.

As bandeiras pareciam representar o querido povo da Bélgica, que logo eu haveria de conhecer. Fui dominada pela descoberta daquele tesouro, porque a nossa nova convocação era para ministrar a uma igreja de mais de quarenta nacionalidades. Hoje, olhando para as belas faces de muitas cores que compõem a nossa congregação em Bruxelas, eu vejo o mundo.

As difíceis provações tornaram-se, verdadeiramente, degraus para o próximo estágio de nossa vida. Conforme nos promete Jeremias 29.11, nenhuma de nossas experiências será desperdiçada: "Porque eu bem sei os pensamentos que penso de vós, diz o Senhor; pensamentos de paz e não de mal, para vos dar o fim que esperais".

Louvado seja Deus por sua fidelidade! Ele restaurou-nos a alegria, e fomos abençoados.

Oração: *Que cada um de nós encontre alegria e significado no ministério, mesmo em meio a provas e aflições, e lhe permitamos, Senhor, cumprir o seu propósito em todas as coisas.*

Pensamento do dia: Não se surpreenda quando Deus lhe enviar uma caixa de chocolate em tempos difíceis. Espere por esses doces momentos de encorajamento, e então tome tempo para saborear alguns chocolates ao longo da estrada.

35

CONFIE, AJUSTE-SE E OBEDEÇA

Cheryl Roland

Confie no Senhor de todo o coração e não se apóie na sua própria inteligência. Lembre-se de Deus em tudo o que fizer, e ele lhe mostrará o caminho certo.
– Provérbios 3.5,6 (NTLH)

Eu não estava seguro de que o meu coração me acompanhara. Embora as coisas já houvessem sido desempacotadas, e a casa começasse a aquecer-se, eu continuava aguardando que Deus preenchesse o meu vazio e desse-me o senso de propósito.

Servir a Deus como esposa de pastor era para mim uma alegria e um privilégio. As nossas mudanças haviam sido poucas e calculadas, sempre banhadas em oração. Não havia segredo. O meu lema era "Não mudarei". Contudo, a voz de Deus era clara e, em obediência ao seu chamado, confiávamos, ajustávamo-nos e obedecíamos.

Essa mudança foi singular. Não estaríamos mais ministrando a uma única igreja, mas a várias ao mesmo tempo. Havia uma aventura à frente, se tão somente eu tivesse fé do tamanho de um grão de mostarda. Senti-me paralisada, sem propósito ou desígnio. Havia dias em que eu levantava as mãos no serviço de Deus, apenas para descobri-las cheias de raiva e dúvidas. (Veja I Tm 2.8.)

Certa manhã, a caminho da escola, a nossa filha Kari apontou uma casa de saúde, diante da qual passáramos muitas vezes, mas eu nunca notara. Durante anos, ministrar em clínicas de repouso fora uma de nossas alegrias. Estaria Deus guiando-nos a um local de serviço que nos era familiar? Ambas as nossas filhas, então com onze e quatorze anos, gostavam de nos acompanhar para conhecer as pessoas, saudá-las, cantar, orar e encorajar.

Entretanto, quando busquei a orientação divina, o Senhor recordou-me: "Quem subirá ao monte do Senhor ou quem estará no seu lugar santo? Aquele que é limpo de mãos e puro de coração, que não entrega a sua alma à vaidade, nem jura enganosamente" (Sl 24.3,4). *Senhor,* orei, *limpa-me para o serviço, "não só os meus pés, mas também as mãos e a cabeça"* (Jo 13.9).

O nosso coração foi ao encontro daquelas queridas pessoas — especialmente Larry. Os seus braços não cooperavam, e as suas mãos eram retorcidas como rosquinhas. Com apenas trinta e cinco anos, ele passava os dias numa cadeira de rodas reclinada, e as noites, num leito hospitalar, à mercê daqueles que cuidavam dele. Ninguém parecia saber o que lhe tirara a mobilidade e lhe paralisara o potencial. Qualquer que fosse a causa, Larry era um jovem numa casa de idosos, com amigos que tinham, no mínimo, o dobro de sua idade.

Larry participava fielmente do estudo bíblico semanal. Ministrando uma série de estudos sobre a oração do Senhor, enfatizei que o nosso Deus é um Deus onipotente, onisciente e onipresente. Ensinei que Deus é freqüentemente chamado de "Jeová, a nossa justiça", "Jeová, a nossa paz", "Jeová que nos cura". Eu tinha a vaga consciência de que as palavras saíam-me dos lábios, mas a minha fé não as acompanhava.

"Professora, professora", interrompeu-me Larry. "Olhe os meus braços. São retorcidos, e as minhas mãos não funcionam. Veja! O que Jeová fará a respeito?"

Parei a fim de demonstrar simpatia, mas prossegui com as muitas promessas de "Jeová, o nosso Pastor", e "Jeová, o nosso Provedor". Larry persistiu: "Professora, o que Jeová fará a respeito destes braços e destas mãos? E quanto a isto?" ele arremessou ao chão o cobertor leve, e todos se voltaram para ver o seu tênis novo, preso a um pé sem vida. O seu traje esportivo e jovial nunca seria gasto naquilo para que fora talhado. "O que Jeová fará a respeito disto?"

Caí de joelhos ao lado de sua cadeira, enquanto os outros se atropelaram para juntar-se a nós. Oramos repetindo a promessa: "Os que esperam no Senhor renovarão as suas forças e subirão com asas como águias; correrão e não se cansarão; caminharão e não se fatigarão" (Is 40.31).

A poderosa indagação de Larry inundou-me o coração com uma fé renovada em Jeová meu Salvador. Eu também me achava paralisada, mas num instante a minha força foi revigorada, quando me rendi a Jeová, o Príncipe da paz. Eu devia confiar nEle e prosseguir em obediente antecipação.

A minha rendição transformou o aspecto de nosso lar. Nossa casa é novamente um lugar cheio de risos, enquanto confiamos, ajustamo-nos e obedecemos ao Senhor. Assim, apesar dos desafios enfrentados, esperamos com uma antecipação cheia de fé, para ver "O que Jeová fará a respeito?"

Oração: *Obrigada, Jeová, por sua paciência conosco. O Senhor está sempre trabalhando em nossas vidas, renovando-nos as forças e enchendo-nos com a alegria da obediência.*

Pensamento do dia: Como é reconfortante saber que podemos confiar em Deus para levantar-nos com a sua mão direita e justa!

36 

POR VOCÊ, ESPERO O DIA INTEIRO

Pam Runyan

Faze-me saber os teus caminhos, Senhor; ensina-me as tuas veredas. Guia-me na tua verdade e ensina-me, pois tu és o Deus da minha salvação; por ti estou esperando todo o dia.
– Salmos 25.4,5

Os desafios de ser uma jovem esposa de pastor, líder de ministério numa faculdade, dirigente do coral de adolescentes e mãe de duas crianças, com um e três anos, não é coisa para gente fraca. Ansiando por algum tempo a sós com Deus, acertei o despertador para bem cedo, esperando levantar-me antes de meu atropelado café da manhã. Parecia que tão logo eu me sentava com a Bíblia, ouvia pés pequeninos correndo em minha direção. Eu perseverava por ajoelhar-me no sofá, e orar enquanto as crianças brincavam, e logo sentia pequenas mãos abraçando-me o pescoço e perninhas infantis subindo-me pelas costas. Era bastante difícil concentrar-me!

Que surpresa quando Deus chamou-nos para sermos missionários nas selvas da África, na Costa do Marfim! Quando Doug, meu esposo, viajou para Ruanda, Deus fez promessas quanto a sua segurança. Em casa, Ele protegeu igualmente a mim e as crianças.

Enquanto eu esperava diante dEle, Deus guiou-me a Isaías 54.13, prometendo ensinar os meus filhos e dar-lhes paz. A presença de Deus espalhou-se em nosso lar. Ele acalmou-nos o coração durante os surtos de malária, as agitações políticas, a separação da família, a depressão e as adaptações culturais. Ele deu-nos paz e restaurou-nos a energia para ministrar a nossa família e aos demais.

Estou convencida de que Jesus sabia tudo sobre as singulares demandas do ministério e da família. As pessoas clamavam por estar com Ele. Os discípulos eram um bando necessitado, que exigia a sua atenção. Até a sua mãe o fez consciente da falta de vinho, no casamento em Caná.

Enquanto supria as necessidades físicas e espirituais das multidões, da família e dos amigos, Jesus deve ter se cansado. Afinal, Ele era tanto humano quanto divino. O que Ele fazia? Lemos na bíblia que Ele subia a montanha para orar, ou que se levantava à noite para interceder. Jesus encontrava prazer e força em estar com o Pai.

Oração, meditação e espera em Deus são necessárias ao cristão que deseja paz para a vida e poder para o ministério. Damos de nós mesmos, emocional e fisicamente, à família e ao ministério, e a nossa energia é exaurida. Seguindo o exemplo de Jesus, esperando em nosso Pai, temos o corpo e a alma restaurados.

Nem sempre é fácil esperar que a sua força nos renove. Não é sempre que sou bem-sucedida. Satanás gosta que estejamos demasiadamente ocupados, cansados e preocupados com coisas boas. Ele sabe que a nossa força vem de um Deus amoroso, que repõe as nossas energias enquanto o servimos.

Quanto tiro um tempo para deleitar-me no Senhor e aquecer-me em sua presença, Ele capacita-me a realizar ainda mais. Concentro-me nEle e nas oportunidades do seu ministério. É um momento especial para eu bater à porta do céu com as necessidades do meu esposo, e agora as necessidades de três filhos jovens e seus cônjuges. Deus traz equilíbrio para nossas vidas quando eu espero nEle.

Hoje, como responsável pelo ministério de adoração e esposa de pastor sênior, no Texas, estou ainda mais ciente do quanto necessito esperar no Deus da perfeita paz para revigorar-me a alma. Gosto imensamente de percorrer a trilha que Jesus tomou para o lugar de quietude, a fim de estar com o Pai. A alegria e a força são minhas, enquanto deleito-me em sua presença e ouço-o falar através de sua Palavra. Esperar diante de Deus traz claridade ao meu ministério.

Somente por meio da meditação tranqüila com o nosso Pai, podemos ser plenamente cônscios do Espírito de Deus dentro de nós. O Espírito Santo sossega-nos, concedendo-nos força para a nossa vida íntima com Ele, bem como amor e paz. Isaías 40.31 promete-nos: "Mas os que esperam no Senhor renovarão as suas forças e subirão com asas como águias; correrão e não se cansarão; caminharão e não se fatigarão". A força para caminhar, correr e elevar-se vem da espera quieta perante o Senhor. Corra para os braços de nosso Pai, e eleve-se com as águias!

Oração: *Pai, em amor eu espero diante de ti. Fortalece-me para que eu me torne a mulher que o Senhor quer que eu seja.*

Pensamento do dia: Enquanto esperamos hoje diante de nosso Pai, possa Ele fortalecer-nos como fortaleceu a Cristo. Que o seu amor, em toda a sua plenitude, esteja em nós, enquanto fielmente o servimos.

37 VÍTIMA OU VITORIOSA

Gayla Ryan

Eis que Deus é a minha salvação; eu confiarei e não temerei.
– Isaías 12.2

Naquela quarta-feira, ao aproximarmo-nos de Biloxi, Mississipi, a tarde estava quente e úmida. Meu esposo Larry e eu viajáramos à região do Golfo, para encontrar um amigo que dirigia um ministério envolvido com ação social. Queríamos saber como assistir aqueles que haviam perdido a casa no furacão Katrina. Cinco semanas antes, aquela tempestade malévola devastara a terra, ceifando vidas e deixando um rastro de destruição maciça.

Não houvera como preparar-nos para tamanha devastação. Rodamos vagarosamente através do cenário destroçado. Em nossos muitos anos de ministério, eu experimentara algumas situações difíceis, mas nada que se comparasse ao que estávamos vendo.

Larry e eu fomos tomados de choque e descrença. Como alguém teria sobrevivido? Como essas pessoas haveriam de se recobrar? Onde começariam a ajuntar os pedaços? E as crianças? De onde vinham tantos escombros?

Finalmente, encontramos nosso amigo no estádio de uma escola. No campo havia uma grande tenda vermelha e branca, e ao fundo ouvia-se o zunido dos geradores.

Ele levou-nos até a sua caminhonete, e enquanto circulávamos pelas montanhas de entulho, contou-nos sobre aquela noite fatal, de 29 de agosto de 2005. Nessa área, as ondas haviam alcançado de dois a dez metros. Árvores enormes jaziam arrancadas pela raiz.

Casas foram removidas de sua fundação para o meio da rua. Carros destroçados empilhavam-se em montes de metal retorcido. Edifícios tinham cedido à força do vento e da água.

Prosseguindo através da cidade, conversamos com as pessoas e ouvimos histórias de vidas perdidas, sobreviventes e milagres. Meu coração estava pesado, e minhas emoções, dilaceradas. Indagações de todo tipo atravessavam-me a mente.

Um novo amigo relatou-me esta história, que mudou a minha vida:

Três semanas após o furacão, numa tarde incrivelmente acalorada, uma multidão de mais de 700 pessoas reuniu-se no estádio de futebol, à espera de uma agência de socorro, que distribuiria auxílio.

O calor aumentou, e os caminhões não chegavam. O povo tornou-se impaciente. Depois de permanecerem lá tantas horas, foram avisados de que os caminhões não viriam, e eles teriam de retornar outro dia. As emoções afloraram e os temperamentos explodiram.

Lentamente, cerca de 500 pessoas dirigiram-se à tenda, à procura de sombra onde abrigar-se do calor. Estavam zangadas, murmurando e reclamando.

De repente, saindo da multidão, uma mulher piedosa pôs-se em pé e, em alta voz, declarou: "Deveríamos sentir vergonha de nós mesmos. Estamos aqui nos queixando e nos irando, mas estamos vivos! Somos uma prova viva de que Deus está conosco na tormenta! Deveríamos estar agradecendo a Deus, em vez de reclamando. Não pudemos mudar o vento, mas Deus provou-se capaz de nos guardar mesmo em meio ao vendaval".

Enquanto a mulher falava, algo começou a acontecer. Por toda parte, pessoas punham-se de joelhos. Durante três horas, o Espírito de adoração e gratidão prevaleceu entre eles. As vitimas tornaram-se vitoriosas.

Enquanto eu pensava nessa mulher que escolhera ser vitoriosa, minha mente voltou duas semanas atrás, quando eu atravessara um momento árduo. (Agora, aquilo parece tão insignificante, comparado ao que eu estava presenciando no Mississipi.) Larry saíra naquela manhã, justo enquanto o nosso reservatório de água quente se rompia. O teto de nossa casa de apenas dois anos começara a gotejar. Tínhamos acabado de nos mudar, e ainda não vendêramos a outra casa. Eu estava sozinha e queria tudo consertado. Então, comecei a lamentar ao Senhor e a sentir pena de mim mesma. Finalmente, eu concluí: "Senhor, não gosto de minha atitude. Por que isso está acontecendo comigo? Por favor, ajude-me".

Eu abri a Bíblia em Isaías 12 e comecei a ler: "Deus é a minha salvação... O Senhor Jeová é a minha força... Dai graças ao Senhor... Cantai ao Senhor". E comecei a chorar, enquanto o Espírito Santo me falava. Senti-me grandemente envergonhada de mim mesma, pedi perdão e comecei a orar e a louvar a Deus. E finalmente declarei: "Não permitirei que as circunstâncias me roubem a alegria!"

Naquele exato instante, eu resolvi que seria uma vitoriosa sobre as circunstâncias, em vez de uma vítima delas. O problema ainda se achava lá, mas eu pudera confiar em Deus e não sentir medo.

À semelhança daquela piedosa senhora de Biloxi, Mississipi, eu havia aprendido que o louvor é o primeiro passo em direção à vitória.

Oração: *Obrigada, Senhor, por cuidar de mim.*

Pensamento do dia: Podemos ser vitoriosos em meio às provações.

38

ANJO E BÊNÇÃO DA SELVA

Joyce Williams

Não vos esqueçais da hospitalidade, porque, por ela, alguns, não o sabendo, hospedaram anjos.
– Hebreus 13.2

Meu esposo Gene e eu emocionamo-nos profundamente com os queridos pastores e suas esposas reunidos para o retiro, próximo a Bangalore, Índia. Partilhar estudos e experiências com outros casais de ministros é uma de nossas atividades favoritas no trabalho com o Shepherds' Fold Ministries. O Senhor capacitou-nos a estabelecer esse ministério quando nos "aposentamos".

Vivendo no outro lado do globo, surpreendemo-nos ao ver que certas necessidades são as mesmas, não importa a cultura ou o ambiente. Dentro de poucos minutos, sentíamos como se conhecêssemos aquelas pessoas havia muito tempo.

Uma das grandes bênçãos do Shepherds' Fold Ministries é que sempre somos surpreendidos com experiências muito especiais. Naquele dia de retiro, uma bela jovem de quinze anos executou uma dança sacra a respeito da criação. Foi comovente ver a alegria estampada em sua face, enquanto a antiga história era tão vividamente retratada.

Durante o intervalo, fui até os pais da adolescente e conversei com eles. Meu coração foi profundamente tocado, à medida que o casal narrava a própria história.

Eles vinham de uma tribo da selva, perto de Hyderabad. Senti-me humilde, quando me contaram que tinham viajado mais de vinte horas, de trem e de ônibus, para estar conosco.

Perguntei ao pastor Krishnalal como ele viera a Jesus, e ele contou-me: "Quando eu era apenas um garotinho, uma missionária visitou a nossa aldeia. Ela falou-me de Jesus, e eu ajoelhei-me lá, no pó, e pedi a Jesus que viesse ao meu coração. E Ele veio! Eu o sirvo desde esse dia".

Indaguei, então, à sua bela esposa, Angel, como ela conhecera ao Senhor, e ela relatou: "Ainda menina, fui treinada para ser uma das dançarinas sensuais do templo hindu. Eu não conhecia outra maneira de viver. Então conheci Krishnalal, e ele falou-me de Jesus. Não demorou muito e eu entreguei ao Senhor o meu coração. Depois que nos casamos, passei a dançar para Jesus".

As lágrimas inundaram-me os olhos, enquanto eu ouvia a sua história. Embora a sua tribo não possuísse uma linguagem escrita, ambos haviam completado os estudos, formando-se na faculdade. Agora eles pastoreiam e supervisionam várias igrejas espalhadas pela selva, com mais de 1.000 membros.

Perguntei sobre Blessing, a sua bela e talentosa filha. Angel contou-me que Blessing ficara órfã, e ninguém parecia desejá-la. Ela também era uma pequena dançarina do templo hindu. Quando eles ouviram falar da situação de Blessing, levaram-na para casa e adotaram-na. A única condição que impuseram é que ela dançasse para Jesus, em vez de dançar no templo. Logo a pequena Blessing entregou a Jesus o coração.

Três anos atrás, o Senhor abençoou-os ainda mais, com o nascimento de um filho. Eles deram-lhe o nome de John Wesley. Foi emocionante ver o amor retratado nessa linda família, cujas faces radiantes revelavam o amor de Cristo.

Como tão freqüentemente acontece nessas "viagens missionárias", fomos nós quem tivemos o coração profundamente tocado e aquecido pelos queridos irmãos que encontramos.

Senti que eu precisava sentar-me aos seus pés e ouvir-lhes as palavras de sabedoria. O seu vasto repertório de experiências de vida tornaria pálidas as minhas histórias, se comparado a elas.

Ao anoitecer, relutantes e lacrimosos, dissemos adeus àquela preciosa família, quando eles partiram na longa jornada que os levaria de volta à selva. Retornando ao nosso hotel, confidenciei a Gene: "Sinto como se houvéssemos passado algum tempo com embaixadores especiais de Deus. Não é impressionante que aquela doce esposa de pastor se chame Angel (Anjo)? E quão apropriado é a filha deles chamar-se Blessing (Bênção)!"

A nossa vida fora, verdadeiramente, enriquecida por nossos novos amigos.

Oração: *Pai, que sejamos constantemente cônscios de que o Senhor está sempre interceptando-nos a vida com os seus enviados especiais. Ajude-nos a perceber cada encontro de uma perspectiva celestial.*

Pensamento do dia: Bem mais do que compreendemos, os anjos e as bênçãos são parte do "pacote de benefícios" que o nosso Pai nos dá todos os dias. Abracemos cada momento e cada entrevista divina como oportunidades de partilhar o seu amor.

39  COMUM OU SAGRADO?

Cindy Schmelzenbach

E, quanto fizerdes por palavras ou por obras, fazei tudo em nome do Senhor Jesus, dando por ele graças a Deus Pai.
– Colossenses 3.17

Ainda estava escuro quando a esposa do pastor fidjiano iniciou o novo dia, cantando e orando, enquanto acendia a lâmpada a querosene. O som de sua adoração despertou-nos gentilmente. Naquele final de semana, partilhávamos o seu humilde teto de palha. O domingo amanhecia, e planejávamos chegar à costa, onde o grupo do filme JESUS estivera trabalhando, e onde Harmon, o meu esposo, estaria pregando.

Sentados em círculo na esteira trançada que cobria o assoalho, juntamo-nos à dona da casa, entoando canções, lendo as Escrituras e orando. Então tomamos uma xícara do chá quente dos fidjianos, incrementado com muito açúcar e leite. Cochichando, ela instruiu-nos: "Devemos nos apressar. Assim que houver luz suficiente para enxergarmos a trilha na encosta da montanha, sairemos. A maré vaza".

A implicação não pronunciada em sua instrução era que, a cada pé que a maré descesse, significaria caminhar o que pareceria quilômetros no raso, a fim de alcançar o barco. O problema era que aqueles quilômetros extras seriam através da lama escura e pegajosa do mangue.

O termo fidjiano *kidrakidra* não possui correspondente direto no português. Refere-se literalmente ao som gorgolejante, resultado de puxarmos o pé para fora do lodo pegajoso e escorregadio. Já vi crianças afundar até os quadris na lama do mangue. Sem dúvida, é uma experiência a ser evitada. Portanto, eu estava ansiosa para descer a encosta da montanha o quanto antes possível.

Ao pisarmos na clareira ao pé do monte, lancei o olhar à superfície lamacenta. Mesmo na claridade cinza do amanhecer, eu podia dizer que a maré já baixara bastante, e o barco achava-se bem longe. Tiramos os sapatos, levantamos a barra da roupa, e pisamos o lodo mais pegajoso, escorregadio e nojento que eu já vi. Começamos a fazer aquele ruído *kidrakidra*, que durou todo o caminho até a margem da água.

A esposa do pastor seguira à frente, e estava ocupada em lavar o barco. Quando a alcançamos, reparei nos bancos secos e imaculados, em que deveríamos pisar para entrar no barco. Então olhei para os nossos pés e pernas cobertos de lama preta e grudenta, até os joelhos. A última coisa que eu queria era subir ao barco sem ao menos tentar lavar um pouco da sujeira. Equilibrando-me nas raízes do mangue, percebi o risco de cair de cara no lodo.

Ela e o pastor apressaram-nos: "Entrem. Não se preocupem com a lama!" Não havia muita escolha, então subimos pelo lado da embarcação, pisando nos bancos, e alcançamos o convés de tábuas brancas, com os pés enlameados e imundos.

Reparando na sujeira que fizéramos, e compreendendo que agora não tínhamos sequer um lugar limpo para sentar, vi a esposa do pastor mergulhar um balde na água. Cantando suavemente, a mulher lavou os assentos pela segunda vez, limpando-os completamente e, em seguida, secando-os bem.

Terminado o serviço, ela voltou-se para onde eu estava, e com um sorriso brilhante, ajoelhou-se. Sempre cantando, lavou-nos as pernas e os pés, até que cada pingo de lama negra houvesse desaparecido. A seguir, usando um trapo, limpou e secou o barco. Então endireitou as costas e sorriu novamente, fazendo sinal para que assentássemos.

Em segundos, a embarcação fez-se ao mar. Enquanto nos movíamos sobre as águas, agradeci a Deus por aquela preciosa esposa de pastor fidjiana. Que belo lembrete! O seu gesto recorda-nos que muito do que Deus nos chamou a fazer não é ostentoso, mas verdadeiramente comum. Simplesmente, façamos o que é preciso ser feito! Os meus pés estavam realmente sujos, e ela os lavou para mim.

Jesus deparou com alguns pés sujos, certo dia, e lavou-os. Assim fazendo, Ele transformou para sempre aquela tarefa mundana em um sagrado ato de adoração.

Oração: *Pai, traga a cada tarefa diária esta perspectiva santificadora, que transforma até as atividades mais rotineiras em jubilosa adoração — santa e agradável aos seus olhos.*

Pensamento do dia: Possa o deleite da adoração ser descoberto nas tarefas ordinárias de hoje.

40 

PAZ PERFEITA

Laisa Siakimotu

Tu conservarás em paz aquele cuja mente está firme em ti; porque ele confia em ti.
– Isaías 26.3

"O que há de errado com Jaimie?", indagou Anne. Os meus filhos Deane e Ritchie correram a encontrá-la, naquela tarde quente, para ganhar os agrados especiais que ela sempre trazia. Minha filha Jaimie, porém, ficara quieta no sofá. Era óbvio que havia algo terrivelmente errado.

Jaimie era uma ótima corredora. Ao voltar da escola naquele dia, ela estava chateada porque não vencera uma corrida. Correr tornara-se um grande esforço. Havíamos notado alguns hematomas, mas sendo ela tão ativa, achamos que andara topando com os móveis.

No dia seguinte, levamos Jaimie para um check-up. Um exame de sangue revelou que ela estava anêmica, por isso o médico mandou-nos diretamente ao hospital infantil. Mal sabíamos que aquela seria a primeira de centenas de visitas ao hospital.

Depois de mais exames, o diagnóstico assustador foi: Jaimie tinha leucemia mielóide aguda. O médico falou-nos que a doença era mais comum em adultos, e muito difícil de tratar. Enquanto estudávamos a horrível moléstia, a dura realidade começou a mostrar-se.

Quando Jaimie iniciou a quimioterapia, a nossa vida mudou dramaticamente. Apesar de Robert ser muito ocupado no ministério, revezávamo-nos no hospital, à noite. As noites sem dormir eram o preço que pagávamos para ficar com a nossa Jaimie.

Um mês após iniciada a quimioterapia, Jaimie chamou-me queixando-se: "Mamãe, meus cabelos estão caindo. Eu posso arrancá-los facilmente". Abafei os soluços enquanto pensava em seus cabelos negros, longos e encaracolados.

Era doloroso ver o sofrimento de Jaimie e, impotentemente, segurá-la enquanto ela vomitava. Em desespero, eu ansiava que Deus me dissesse por que ela tinha de sofrer tanto. De algum modo, Ele dava-nos exatamente o que precisávamos para atravessar cada dia.

Seis meses após o diagnóstico, Jaimie obteve melhora, e foi-lhe permitido vir para casa. Ficamos tão animados! Embora ela tivesse de ir ao hospital uma vez por semana, para exames de sangue, a nossa vida parecia estar voltando ao normal.

Após três meses de remissão, numa daquelas visitas de rotina, os resultados não foram bons. Jaimie estava, inesperadamente, tendo uma recaída. Reunimo-nos com os médicos para saber o que fazer a seguir. Eles explicaram que, uma vez que a sua remissão não se prolongara o suficiente, outra série de quimioterapia não ajudaria. Aconselharam-nos a deixar a natureza seguir o seu curso. Nada mais havia que pudessem fazer.

Ao sair do consultório, desmoronei contra a parede da sala de espera e chorei. Conquanto estivesse cônscia das pessoas à minha volta, não consegui esconder a dor de pensar em perder Jaimie. Com as lágrimas rolando, orei e clamei ao Senhor. E o meu Deus me respondeu. Milagrosamente, a perfeita paz de Deus invadiu-me de tal modo, que pareceu carregar o meu sofrimento. Contudo, Deus ainda não terminara. Naquela noite, Ele deu-me dois sonhos muito vívidos, que me trouxeram grande conforto.

No dia seguinte, o Senhor deu-me a passagem de Isaías 26.3: "Tu conservarás em paz aquele cuja mente está firme em ti; porque ele confia em ti". Eu reivindiquei isso, porque Deus sempre cumpre as suas promessas.

Oramos por um milagre. Enquanto, tristemente, assistíamos a saúde de Jaimie deteriorar-se, agradecíamos a Deus por cada dia. Éramos constantemente surpreendidos pelo modo como Jaimie nos confortava, desde que soubera que logo nos deixaria. Em seus últimos dias conosco, ela falou abertamente da morte e do céu.

Certo dia, quando passávamos de carro por um cemitério, Jaimie perguntou: "Mamãe, ficarei num daqueles túmulos quando eu morrer?"

Procurando esconder a minha dor, expliquei: "Se você morrer, o seu corpo estará lá, mas o seu espírito viverá com o Senhor no céu, para sempre". Uma vez que, aos quatro anos, ela aceitara a Cristo como seu Salvador, queríamos assegurar-lhe que, ao deixar-nos, iria para o céu.

Quando estávamos tristes, a nossa Jaimie de sete anos encorajava-nos: "Devemos confiar no Senhor". A sua fé nunca vacilava. A sua coragem foi um testemunho vivo até o fim.

Durantes suas últimas semanas de vida, Jaimie falou de sua doença no rádio e partilhou a sua fé em Cristo. A equipe da rádio e centenas de ouvintes foram tocados por sua maturidade e comprometimento com Deus. Muitos entregaram o coração a Cristo por causa do testemunho de Jaimie.

Jaimie passou para o Senhor em casa, na manhã de 26 de setembro de 1988. Segurando-a nos braços, vi a minha filha dar o último suspiro. Deus, milagrosamente, sustentou-me com a sua paz perfeita.

O Senhor ensinou-me muitas lições por meio dessa perda tão trágica. Agora, ao ouvir pessoas que estão atravessando tempos de provação, oro fielmente por elas e conto-lhes da paz de Deus.

Pois em minha maior perda e tragédia, o Senhor concedeu-me a sua paz que ultrapassa o entendimento humano. Esta é a maior lição que posso partilhar.

Oração: *Obrigada, Pai, por sua paz perfeita.*

Pensamento do dia: Deus não nos tira das circunstâncias probatórias, mas carrega-nos através delas.

41

O DIA EM QUE CRUZAMOS A KELLOGG

Joyce Williams

... e ser-me-eis testemunhas tanto em Jerusalém como em toda a Judéia e Samaria e até aos confins da terra.
—Atos 1.8

A brisa morna da primavera acariciava-nos a face, naquela manhã de sábado, enquanto percorríamos as ruas próximas à nossa igreja, do outro lado da Kellogg (chamada de "Estrada dos Tijolos Amarelos"). Essas seis ruelas de tráfego ruidoso cortam Wichita, Kansas, separando-nos da nossa "Jerusalém".

Em minha hora tranqüila, o Senhor lançou sobre o meu coração um grande peso pela vizinhança de nossa igreja. Finalmente, vários de nós concordamos em visitar os vizinhos negligenciados daquela área transitória, dentro da cidade. Passar entre tiroteios não é algo incomum ali, e as drogas tornaram-se um meio de vida para muitos. Aquele lugarejo está repleto de pessoas que precisam conhecer a Jesus e saber que Ele as ama. E assim o fizemos. Havíamos orado para que o Espírito Santo fosse adiante de nós, abrisse os corações e nos protegesse. Entramos, então, em nossos carros, dirigimos sob as pontes elevadas, estacionamos e começamos a bater de porta em porta, cuidando de não perder um ao outro de vista.

A primeira porta em que bati abriu-se hesitantemente. Um menininho de cabelos encaracolados, chamado Trevor, gritou: "Mamãe! Tem alguém aqui!" Um tanto relutante, Sharon, a mãe do menino, veio à porta. Apresentei-me e perguntei se ela freqüentava alguma igreja.

"Sim, às vezes", respondeu ela. Contudo, não tinha certeza do nome da igreja (grande mistério!).

Então apontei por cima de meu ombro esquerdo e informei: "Meu marido pastoreia a igreja do outro lado da Kellogg. Gostaríamos muito que você e Trevor viessem nos fazer uma visita".

Nesse momento, dois meninos de doze anos chegaram de bicicleta. Sharon apresentou-me a Kenny, seu filho, e a Stephen, o colega dele. Perguntei-lhes se gostariam de ir à igreja, e ele responderam em uníssono, enfaticamente e em alto som: "Não!"

Novamente apontei a minha igreja, por cima de meu ombro. Stephen frisou: "Minha mãe e eu não vamos à igreja".

Eu insisti: "Mas, rapazes, temos uma grande quadra lá, onde os meninos jogam bola". Repentinamente, seus olhos faiscaram com interesse, enquanto eu lhes descrevia as atividades dos adolescentes.

Novamente Stephen manifestou-se: "Como eu disse, minha mãe e eu realmente não somos de freqüentar igreja. Mas eu tenho um irmãozinho chamado David, que gosta muito".

Intrigada, pedi: "Eu gostaria muito de conhecer David".

"Siga-me!", propôs Stephen.

Sharon prometeu visitar-nos no domingo. Então Larry, o pastor do departamento infantil, acompanhou-me.

Stephen encostou a bicicleta no alpendre prestes a cair, e gritou para dentro da casa: "David! Tem alguém querendo falar com você!" Imediatamente, um loirinho de oito anos irrompeu porta a fora.

Contei-lhe quem eu era, apontei para a igreja, e terminei: "David, o Stephen me disse que você gosta de Deus e de ir à igreja".

Sem hesitar, ele respondeu logo: "Claro que gosto. Algumas noites, eu até faço a mamãe orar comigo antes de deitar".

Enquanto conversávamos, várias pessoas entraram e saíram da casa. Então perguntei a David: "Você tem amigos que não vão à igreja?"

"Tenho", replicou ele, "um monte. E eles certamente *precisam* da igreja". Quando eu lhe disse que gostaria de ser apresentada aos seus vizinhos, ele prontamente concordou: "É para já!" Ao saber que o seu padrasto estava em casa, sugeri: "Vamos ver se você tem permissão para ir comigo".

Larry e eu entramos na sala, e David apresentou-nos Jim, o padrasto. Havia outros homens com Jim, e notei que eles agiam de modo um tanto estranho. Depois de obter a permissão de Jim, retornamos rapidamente à varanda.

Quando descíamos os degraus, um carro parou em frente à casa, e dele saiu uma loira esbelta e bonita, vestida de camiseta e short apertados, com um cigarro pendendo dos lábios. "Oi, mãe!", saudou David. Ela acenou, atirou longe o cigarro, e começou a descarregar as compras. Caminhei para ela e apresentei-me. "Meu nome é Vicki", correspondeu ela.

Então David comunicou: "Papai disse que eu podia ir com eles para falar da igreja. Tudo bem?"

Ela sacudiu os ombros: "Acho que sim. Mas cuidado, ouviu?"

Quando ela ia entrando em casa, passei por cima de um buraco na varanda e pedi: "Vicki, posso orar com você e David antes de irmos?"

"Tudo bem", concordou ela. Pus-lhe a mão no ombro e fiz uma breve oração, pedindo a bênção de Deus para o seu lar.

Imagine a minha surpresa quando, ao abrir os olhos, vi filetes pretos descendo pelas bochechas de Vicki! Nunca me esquecerei do que ela disse, limpando as lágrimas: "Há muito tempo, minha mãe, que é pregadora de rádio em Newton, Kansas, vem orando para que alguém como a senhora venha bater à minha porta. Mamãe tem orado e confiado, todos esses anos, que vamos voltar para Deus". Ela esfregou mais algumas lágrimas e prometeu ir à igreja no dia seguinte.

Com David nos guiando, Larry e eu fomos de casa em casa. Finalmente David perguntou: "A senhora gosta de idosos?"

"Claro que sim", respondi. Então o menino levou-nos a uma casa distante alguns quarteirões, onde ele costumava aparar o gramado. Um homem abriu a porta e convidou-nos a entrar, embora ele e sua mãe estivessem almoçando. David apresentou-nos a Richard e Neila, e ficamos conversando com eles, enquanto a refeição esfriava.

Em dado momento Neila foi atender ao telefone, e Richard começou a falar de seus temores. A fome de sua alma aparecia-lhe nos olhos. Apresentei-lhe o evangelho, e perguntei-lhe se ele gostaria de ter a paz e a alegria que vêm unicamente de se conhecer a Cristo. Ele rapidamente respondeu: "Sim!" Então Neila retornou, e todos demos as mãos. Com David entre os dois, ambos aceitaram a Jesus como seu Salvador e Senhor. Lembrei-me de uma passagem das Escrituras: "... um menino pequeno os guiará" (Is 11.6).

Larry e eu levamos David de volta para casa e juntamo-nos aos outros irmãos. Mal podíamos esperar pelo domingo para ver quantos viriam realmente. Imagine o nosso deleite quando dezoito pessoas vieram, incluindo Sharon, Trevor, Kenny, Vicki, Stephen, David, Richard e Neila! E na noite de segunda-feira, quatorze deles vieram para a quadra de esportes. Não obstante, havia muita luta à frente.

Logo descobrimos que Jim e Vicki eram viciados. Mais tarde, eles confidenciaram-nos que havíamos interrompido uma venda de drogas, naquele sábado, em sua casa. Não era de admirar que tantas pessoas entrassem e saíssem de lá! Jim contou que quando eu dissera "Olá", ele deveria ter respondido, "Sim, sou eu!"

Na semana seguinte, David e sua família foram despejados da casa. A nossa classe de novos convertidos ajudou-os a encontrar outro local onde morar, mas eles logo sumiram de vista. Sharon, Trevor e Richard tornaram-se freqüentadores fiéis e regulares da igreja. David vinha esporadicamente. Poucos meses depois, Sharon tornou-se membro da igreja.

Cerca de um ano e meio mais tarde, eu havia acabado de dar aula na classe de novos convertidos, no domingo de manhã, quando um dos porteiros apressou-se ao meu encontro. "Os Roland estão aqui", comunicou ele. Incrédula, subi correndo a escada. Eu mal podia acreditar em meus olhos. Lá estava Vicki Roland — com ótima aparência! Em meu modo "diplomático", perguntei: "Vicki, o que lhe aconteceu? Você está maravilhosa!" Com um sorriso de orelha a orelha, ela respondeu rapidamente: "Entreguei o coração a Jesus e abandonei as drogas!"

As lágrimas desceram-me pela face, enquanto a abracei, e fizemos uma breve dança da alegria lá mesmo, no vestíbulo da igreja. Então ela disse: "Jimmy está aqui e quer ver você".

Segui-a para dentro do santuário, e lá estava aquele viciado cabeludo e sem dentes. Sentei-me ao seu lado e disse-lhe que eu nunca deixara de orar por eles. "Então funcionou", afirmou ele, "porque hoje vim entregar meu coração a Deus!"

"Que maravilha!", exclamei. "Venham sentar-se comigo." E eles seguiram-me pelo corredor. (Eles nada sabiam sobre sentar-se na fileira da frente!)

Ao termino do culto, quando foi lançado o apelo, Jim cutucou-me: "Com licença". E foi ajoelhar-se diante do altar. Naquele exato momento, Jim abandonou as drogas.

Houve muitas situações difíceis para Jim e Vicki, mas eles trouxeram muita gente à igreja. Um dos momentos mais tocantes foi quando Jim interpretou o ladrão da cruz em nossa apresentação "Quadro Vivo da Páscoa", dois anos em seguida. Oh, sim — Jim era o ladrão que entrou no Paraíso!

Poucos domingos após Jim e Vicki serem salvos, nosso coração ficou profundamente comovido, quando eles e Richard tornaram-se membros da igreja. Naquela noite de domingo, toda a congregação aplaudiu enquanto eles eram batizados. No verão seguinte, Jim e Vicki dirigiram uma classe bíblica no quintal, com mais de cinqüenta crianças. Várias delas entregaram o coração a Jesus. Jim e Sharon auxiliaram com o *Aventura após a Escola*, um programa especial para a escola da vizinhança. Richard permanecia todos os domingos após a aula, para limpar a cafeteira.

Alguns meses mais tarde, Stephen perguntou a Jim: "Já tenho idade para freqüentar aquela classe e tornar-me membro da igreja?" Quando Jim me consultou, respondi com um entusiástico "Sim!" Stephen e sua mãe percorreram um longo caminho, desde aquele dia em que ele me disse: "Não somos de freqüentar igreja".

Quando Deus dirigiu Gene a entregar o pastorado, foi muito difícil para aqueles "cordeiros". Recentemente, porém, voltamos a essa igreja, e foi uma bênção ver Sharon e Trevor freqüentando fielmente a Escola Dominical. Richard ainda faz café para a classe de novos convertidos.

Permanecemos em contato com Jim e Vicki. Aliás, quando faleceu a mãe de Vicki — uma grande pregadora — Gene conduziu o funeral. Sentindo a lacuna que ficara, Vicki emergiu como a matriarca espiritual da família. Eles tornaram-se nossos companheiros de oração e apóiam o nosso ministério.

Oração: *Pai, dê-nos coragem para sermos suas testemunhas, começando em nossa Jerusalém.*

Pensamento do dia: Muitas vezes, o trabalho designado por Deus está logo do outro lado da rua.

42

A FÓRMULA DE DEUS

Frances Simpson

Amarás o Senhor, teu Deus, de todo o teu coração, e de toda a tua alma, e de todo o teu pensamento. Este é o primeiro e grande mandamento. E o segundo, semelhante a este, é: Amarás o teu próximo como a ti mesmo.
– Mateus 22.37-39

Terminei o preparo do jantar, procurando aparentar calma. Ao arrumar a pequena mesa verde em nossa minúscula cozinha, em vez de colocar prato e talher para três, coloquei apenas para dois — um para meu esposo Eugene, e outro para Mark, nosso filho de um ano e meio. Ao ouvir a porta sendo aberta, limpei rapidamente uma lágrima. Mark e eu fomos ao encontro de Eugene, e seguimos todos para a cozinha.

Antes que Eugene pudesse perguntar "Por que dois lugares em vez de três?", expliquei que eu estava jejuando, e que iria para o quarto orar, tão logo eles dois fossem servidos. "Não sairei enquanto Deus não me ajudar!", declarei.

Foi uma declaração totalmente audaz. Mas eu estava cansada de me sentir diminuída e fora de sintonia em nossa segunda igreja. Não que eu não quisesse ser esposa de pastor. Ao casar-me com Eugene, eu sabia que a sua chamada seria também a minha, e que isso definiria a minha vida em muitos aspectos. O problema era que eu não estava fazendo um bom trabalho.

A nossa primeira igreja havia sido muito estimulante. E, sim, eu me saíra muito bem. A igreja crescera, construíramos um novo templo, e eu me sentia em casa. Então o superintendente do distrito pediu-nos que assumíssemos outra igreja, fundada havia apenas nove meses. Era um templo pequeno, com cerca de quarenta pessoas maravilhosas, numa bela cidade litorânea. Eu deveria estar feliz, mas não estava.

Lembro-me de haver ido para o quarto naquela noite, fechado a porta e caído atravessada no leito, em prostração. Eventualmente, fui para o chão, travando a minha batalha interior com o meu eu. Agora sei que tudo era uma questão de identidade. Eu ainda estava na casa dos vinte anos, e não tinha parentes por perto. A igreja era a minha família. Mas ainda não conhecíamos uns aos outros. Ademais, eu estava convencida de que eles gostavam mais da esposa do pastor fundador que de mim.

Apresentei meu caso ao Senhor: *Pai, por que me sinto assim? Creio que o Senhor me salvou quando eu tinha apenas onze anos,* e *então, da melhor forma possível, entreguei-lhe a minha vida. Então, por que estou em luta?*

Satanás manifestou-se: *Bem, porque você não foi talhada para esposa de pastor. Os seus pais não foram criados na igreja. Você não sabe tocar piano. Você tem medo de falar diante das pessoas.*

Continuei a expor o meu caso: *Deus, o Senhor realmente me salvou naquela ocasião, ou eu era jovem demais para tomar esse tipo de decisão?*

Como sempre faz, Deus começou a responder-me: *Você tirou de volta alguma coisa do que deixou no altar?*

Não, Senhor, gritei. *Pelo que sei, tudo continua lá.*

Então, tentei mudar o rumo: *Senhor, estas pessoas não se importam com o meu passado. Pouco lhes interessa que eu tenha sido uma estudante homenageada. Não ligam para o fato de eu ter me destacado nos esportes. Não lhes interessa o que eu fiz ou onde estive.*

Foi então que o Senhor sacudiu-me com uma simples questão: *Você sabe o que estas pessoas querem de você? Querem que você me ame de todo o coração. E então desejam que você as ame e o demonstre.* Deus me dera a sua fórmula.

Acho que posso fazer isso, Senhor, respondi.

Mais tarde, naquela noite, quando contei a Eugene sobre o meu encontro com o Senhor, ele confidenciou: "Fico muito contente! Eu estava pensando se deveríamos entregar o pastorado para você sentir-se feliz!"

Isso foi há mais de quarenta e cinco anos. Ainda agradeço a Deus por personalizar Mateus 22.37-39 para mim, e então ajudar-me a sobreviver todos esses anos. Amar a Deus e às pessoas realmente funciona, e tem-me ajudado a realizar coisas que nunca sonhei ser capaz.

O caminho do amor — a fórmula de Deus — é uma receita de alegria que dura para sempre.

Oração: *Pai, obrigada por infundir o seu amor em mim, e então ensinar-me a partilhá-lo com os que me cercam. Abrace alguém através de mim, hoje.*

Pensamento do dia: O amor de Deus estica-nos de modo a estarmos em conformidade com o seu querer para a nossa vida.

43 

FURACÕES, ÁGUIAS E ORAÇÕES DE BEBÊ

Mary Tabb

À sombra das tuas asas me abrigo, até que passem as calamidades.
– Salmos 57.1

Furacões acontecem! Ao menos em meu mundo, no sul da Louisiana.

Na véspera de deixarmos a casa de nossa filha, em Denver, começamos a assistir ao Canal do Tempo, enquanto uma forte tempestade tropical dirigia-se à Costa do Golfo. Liguei para as companhias aéreas e fui informada de que todos os vôos haviam sido cancelados.

Na manhã seguinte, 29 de agosto de 2005, o furacão Katrina abateu-se sobre a Costa do Golfo, deixando um rastro de destruição, sentido por milhões de pessoas. Grudada à televisão, eu mal acreditava em meus olhos: cidades haviam sido inundadas, e bairros, arrasados, forçando milhares de moradores a fugir. Em New Orleans, os diques se romperam, causando inundações sem precedentes e muito sofrimento humano. Milhares de pessoas foram evacuadas. Era como viver o fim do mundo.

Durantes as primeiras semanas após o furacão, continuamos a ver e a ouvir os prementes gritos de socorro de milhares de vítimas, carentes de água, alimento, abrigo — coisas básicas à sobrevivência. O auxílio veio de igrejas, de agências particulares, do governo e de indivíduos que desejavam ajudar.

Entretanto, havia outro grupo — em sua maioria de crianças e jovens — que estivera pedindo auxílio, suplicando a Deus por ajuda, muito tempo antes do Katrina. Eles haviam sido apanhados numa vida de sofrimento, corrupção e miséria, com pouca esperança de escapar. Muitos deles mal tinham sobrevivido aos horrores da dor, da privação e da mágoa. A sua cultura era abundante em drogas, crimes e prostituição. Quem os haveria de resgatar? Como poderiam ao menos ficar livres do perigo? Onde encontrariam um lugar seguro?

As respostas acham-se nas Escrituras. Salmos 91.1,2 afirma: "Aquele que habita no esconderijo do Altíssimo, à sombra do Onipotente descansará. Direi do Senhor: Ele é o meu Deus, o meu refúgio, a minha fortaleza, e nele confiarei". Estaria alguma dessas crianças habitando no esconderijo do Altíssimo? Alguma delas haveria confiado nele? Eu me achava prestes a descobrir, também, a resposta a essas questões.

Durante nove anos, os meus amigos Hy e Libba McEnery haviam trabalhado como missionários no Child Evangelism (Evangelismo Infantil), em New Orleans, no centro da cidade. Eles tinham experimentado a alegria de ver mais de 3.000 crianças depositar a fé em Cristo para a salvação, e haviam-nas ensinado a ler e memorizar as Escrituras, a orar e falar de Jesus.

Os McEnery acreditam que uma coisa boa advinda do Katrina é que muitas dessas crianças foram, finalmente, resgatadas de uma vida de sofrimentos inenarráveis. O seu clamor e "orações de bebê" foram ouvidos e respondidos pelo amoroso Pai celestial. Eles certamente possuem a fé que remove montanhas!

Uma dessas crianças é Hebert, agora com dezoito anos. Durante nove anos, ele recebera, fielmente, o ensino da Palavra de Deus. Fora-lhe ensinado que quando Deus prometia algo em sua Palavra, a promessa se cumpria. E Hebert cria naquilo de coração. Havendo recebido uma educação deficiente, a capacidade de leitura de Hebert é abaixo da média. Por isso, ele pode relacionar-se mais facilmente com as figuras de linguagem da Bíblia, compreendendo rapidamente conceitos como "rocha", "fortaleza", "sol", "escudo", e "águia". Era tão forte o seu desejo de elevar-se acima de suas dificuldades e misérias, que era atraído à descrição de subir com asas de águias, de Isaías 40.31.

Com quatorze anos, ele iniciou uma pequena igreja na cozinha de sua casa. Ele pregava, e suas cinco irmãs cantavam. Quase trinta pessoas espremiam-se no cômodo. O momento mais importante das reuniões era o da oração. As crianças oravam para ser salvas do álcool e das drogas; clamavam pelos entes queridos que se achavam perdidos ou na prisão; oravam pela América, por New Orleans e pela corrupção política no governo da cidade; e suplicavam pelo livramento de suas escolas, onde não eram eficientemente ensinados a ler. Sem dúvida, aquelas "orações de bebê" foram direto ao trono da graça.

Quando o Katrina os atingiu, Hebert, sua mãe e as cinco irmãs viviam na parte baixa, no Nono Distrito de New Orleans, a uma curta distância de onde os diques se romperam. Eles ficaram olhando enquanto a sua casa flutuava para longe, e logo foram evacuados para o estádio do *Superdome*.

Na semana em que ali permaneceram, testemunharam de tudo: corpos sem vida, suicídio, estupros, facadas, tiros, pilhagens e um contínuo clamor por resgate. Então Hebert orou. Pediu que Deus o ajudasse a descobrir como auxiliar aquelas pobres almas. E levantou-se da oração sabendo o que fazer. Começou a marchar em torno do domo, entoando hinos e corinhos evangélicos. Pouco a pouco, as pessoas foram se juntando a ele, e logo havia uma segunda fila fazendo o mesmo. Então as pessoas começaram a orar em voz alta, clamando a Deus por socorro. Hebert soube, então, que aquilo era o que Deus o guiara a fazer. Ele falou com as pessoas, ministrando pequenos estudos bíblicos improvisados. Em apenas um dia, surgiram cinqüenta grupos, que se reuniam informalmente pela manhã e à noite, antes do toque de recolher.

Nessas reuniões, as pessoas vislumbravam centelhas de esperança e recebiam palavras de encorajamento. A mensagem de Hebert era simples: "Confiem no Senhor. Ele não nos abandonou". Ele conhecia o que diz a Palavra: "Deus é o nosso refúgio e fortaleza, socorro bem presente na angústia. Pelo que não temeremos" (Sl 46.1,2).

Finalmente, Hebert e sua família foram transferidos para Lake Charles, Louisiana. Em dois dias, ele foi aceito numa escola cristã, onde poderia não apenas completar o Ensino Médio, mas também jogar futebol. Contudo, dentro de duas semanas, desencadeou-se o furacão Rita. Tragicamente, eles foram obrigados a se retirar outra vez, desta feita para o River Center Shelter, em Baton Rouge. Embora não fosse tão ruim quanto o Superdome, estava longe de ser a resposta às suas orações.

Estaria Deus enxergando? Sim, o "olho de águia" de Deus estava alerta, vendo todas as coisas e fazendo algumas maravilhas por Hebert. Longe dali, numa cidadezinha do Iowa, uma pequena igreja missionária traçou um plano para resgatar alguns dos evacuados. Mandaram à Louisiana o co-pastor com um ônibus com ar-condicionado, para encontrar-se com os McEnery e tentar trazer para Iowa o jovem Hebert e sua família, bem como outros evacuados que haviam ido parar em sua igreja. Não foi preciso muita persuasão para que dezoito pessoas entrassem no ônibus, com lágrimas de gratidão correndo-lhe pelas faces.

Ao chegar ao Iowa, descobriram que a igreja arranjara-lhes casas, com estoque de comida e camas etiquetadas com o nome de cada um. Quando finalmente mergulharam num sono de exaustão, naquela primeira noite em Iowa, Hebert e alguns dos sonhadores de sua congregação "elevaram-se como águias", subindo aos céus.

Hoje, todas as crianças em idade escolar encontram-se estudando, e aqueles que podem trabalhar acham-se empregados. Hebert, o jovem "Moisés", e o seu rebanho completaram o êxodo. Suas "orações de bebê" foram respondidas.

Oração: *Pai, tão estranho quanto possa parecer, agradeço a ti pelas tempestades.*

Pensamento do dia: Possam as nossas orações de bebê elevar-se sobre asas de águias, acima das tormentas da vida.

44

AMANDO O PRÓXIMO

Joyce Williams

Amarás o teu próximo como a ti mesmo.
– Mateus 19.19

Tornei-me esposa de pastor já na meia-idade. Para ser sincera, senti-me intimidada pelo desafio. Bettye, a primeira esposa de meu marido, havia sido o máximo como esposa, mãe e companheira de ministério. Não havia como igualar-me a ela. Contudo, eu desejava, sinceramente, ser a melhor pessoa de Deus em meu novo papel.

A primeira coisa que fiz após nos casarmos foi procurar, em oração, mentores e modelos, veteranos de muitos anos no ministério. Fui tremendamente abençoada por ter na vizinhança um grupo de bondosas senhoras. Avidamente, eu procurava-lhes o conselho e a sabedoria.

Uma de minhas favoritas era Evalena Jones. Ela e Harold, seu querido esposo, haviam servido juntos no ministério, em tempo integral, por mais de quarenta anos. Uma das coisas mais interessantes a se observar neles é o modo como o seu pastorado não se encerrou com a aposentadoria.* E devo declarar que "aposentadoria" é um termo que realmente não se lhes encaixa. Embora não tenham uma congregação própria, continuam a trabalhar arduamente e a suprir muitos púlpitos.

Uma das razões por que me sinto grandemente abençoada por seu exemplo é o modo como eles seguem, de coração, as instruções do Mestre sobre o amor ao próximo.

O pastor Harold e Evalena vivem numa casa modesta, numa vizinhança sossegada. Quando uma senhora chamada Elizabeth, da Colômbia, casou-se com um vizinho deles, formou-se imediatamente um laço entre esse casal e os Jones. Bastou Elizabeth contar como viera a conhecer Jesus na infância, por intermédio de um missionário enviado do Kansas à Colômbia, e logo passou a freqüentar a Escola Dominical com Evalena e Harold.

Elizabeth era muito apegada à família, na Colômbia, e sentia muitas saudades deles. Naqueles meses, foi verdadeiramente por ordem divina que Evalena tornou-se a sua segunda mãe. Quando a mãe de Elizabeth veio visitá-la, ela apresentou-lhe Evalena como a sua "mãe número dois".

Quando nasceram os dois filhos de Elizabeth, Harold e Evalena imediatamente tornaram-se "vovô e vovó". Um amor muito especial fluía entre as duas famílias.

Mais tarde, quando Elizabeth teve problemas no casamento, Harold e Evalena revelaram-se um porto seguro para ela e as crianças, enquanto o divórcio assomava no horizonte. Eles oravam com ela e compartilhavam passagens das Escrituras, animando-a a permanecer firme na fé cristã. A igreja também envolveu os braços em torno dessa pequena e maravilhosa família.

Consumado o divórcio, Harold e Evalena preencheram o vazio e encorajaram aquela mãe solteira. Embora Elizabeth e os filhos se mudassem para longe, permaneceram chegados ao casal. No coração, continuaram vizinhos e família.

Quando Harold passou para o Senhor, aos 91 anos, Elizabeth e os filhos lamentaram profundamente pelo "vovô". Eles continuam tendo contado diário com a "vovó". Seus telefonemas e visitas ajudam a preencher os dias solitários de Evalena.

Elizabeth afirma que Evalena tem sido um "anjo" em sua vida. "O seu amor nunca pára — é especial. Eu sempre soube que ela e o vovô nos amavam e sempre estariam lá, a qualquer momento que precisássemos. E a vovó ainda está lá para nós."

Evalena continua a demonstrar, de modo tangível, a essência do que significa ser uma vizinha constante e genuína. Ela conserva o coração e a porta abertos a quem precisar de uma palavra de encorajamento. Como diz Elizabeth: "O amor da vovó é muito grande!"

Agradeço a Deus por essa maravilhosa mentora e modelo, que transmite o exemplo através de sua vida de amor ao próximo. Ela abraçou por completo o mandamento do Senhor, e continua a partilhar, amorosamente, o seu coração e sua vida.

Devo acrescentar que sou especialmente grata a Deus por me levar a morar na vizinhança de Evalena.

Oração: *Pai, por favor, que nos preocupemos genuinamente com aqueles que nos rodeiam. Que sejamos sempre sensíveis às suas necessidades e os alcancemos, conservando grande o nosso amor.*

Pensamento do dia: "Mas, sobretudo, tende ardente caridade uns para com os outros" (1 Pe 4.8).

* **N. do E.**: No Brasil, utiliza-se a expressão ***jubilação***.

45 

DEUS ESTÁ FALANDO. VOCÊ ESTÁ OUVINDO?

Melody Tunney

Deitar-me faz em verdes pastos... Refrigera a minha alma...
– Salmos 23.2,3

Você pode ter lido o Salmo 23 centenas de vezes, como eu, e não haver notado uma pequena palavra em particular: Deitar-me *faz*. Já *fizeram* você se deitar? Vários anos atrás, o Senhor permitiu dois incidentes distintos em minha vida que me ensinaram a ouvir.

Atuando no ministério da música por mais de vinte e cinco anos, tenho sido abençoada com muitas oportunidades maravilhosas de servir ao Senhor. Seja no estúdio, gravando com grupos como o TRUTH e o First Call, ou ministrando com meu esposo Dick em igrejas locais, Deus tem-me aberto muitas portas, onde sou abençoada no uso de minha voz para o seu serviço.

No outono de 2000, comecei a ter alguma dificuldade para cantar, e fui diagnosticada com um pólipo na corda vocal direita. Para uma cantora, não era uma boa notícia. Esse tipo particular de pólipo só pode ser removido cirurgicamente. Meus médicos instaram para que eu marcasse a cirurgia. Com o tempo de recuperação, seriam três ou quatro meses para reaprender a falar e cantar. Nessa época, Dick e eu já tínhamos agendado aproximadamente 45 finais de semana por ano. Não havia como eu fazer uma pausa para a cirurgia. Alistamos parentes e amigos para orar por duas coisas: obviamente, orávamos para que Deus me curasse. Segundo, orávamos para que, se o seu modo de curar-me fosse a cirurgia, Ele desse-nos sabedoria para decidirmos quais quatro meses de concerto poderiam ser cancelados.

Durante os próximos meses, a minha rotina foi ficar em silêncio de segunda a sexta-feira, e poupar a voz para cantar nos finais de semana. Foi um período frustrante, tentando ficar quieta e levar uma vida normal como esposa e mãe de duas adolescentes.

Vários meses se passaram. As orações continuaram. Senti que minha voz se fortalecia, mas ao visitar o médico a cada duas semanas, para um check-up, a sua resposta era a mesma: "Os pólipos não estão diminuindo. Você precisa marcar a cirurgia".

No dia 4 de janeiro de 2001, enquanto eu me vestia para mais uma consulta médica, orei: *Senhor, faça-me contente com o que houver hoje. Se os pólipos ainda estiverem do mesmo jeito, por favor, dê-me sabedoria para decidir o que fazer.*

Imediatamente, ouvi aquela voz calma e suave animar-me: "Espere o inesperado".

Respondi: *Deus, o Senhor disse mesmo isso? Devo esperar por algo inesperado, hoje?* Imediatamente, veio-me à mente Efésios 3.20: "Ora, àquele que é poderoso para fazer tudo muito mais abundantemente além daquilo que pedimos ou pensamos, segundo o poder que em nós opera".

Quando cheguei ao consultório, o médico pôs o escopo em minha garganta, como sempre fazia. Ao ver as cordas vocais, porém, simplesmente parou e fez: "Hmm".

Meu marido, que estava lá comigo, perguntou: "Hmm — o quê?"

"Acho que você teve um milagre de Natal", respondeu o médico. "O pólipo desapareceu completamente." Desnecessário é dizer o que veio a seguir: muitas lágrimas, telefonemas e grande celebração. Deus havia me curado!

A história não terminou aí. Seis meses mais tarde, nossa família estava se preparando para um acampamento familiar, no qual Chuck Swindoll estaria palestrando e Dick, conduzindo a adoração. Na véspera da partida, comecei a ter problemas de visão. Dentro de doze horas, estava completamente cega do olho direito. O médico diagnosticou deslocamento de retina, e marcou uma cirurgia de emergência.

A recuperação exigiu que eu ficasse deitada sobre o lado direito, vinte e quatro horas por dia, durante várias semanas. Eu podia levantar apenas para ir ao banheiro e para comer. Não podia ler, ver televisão ou fazer qualquer outra coisa que causasse o movimento dos olhos. Foi durante esse período que Deus começou a falar-me alto, e eu aprendi o que significa ouvir. O "verde pasto" onde Ele me *fez* deitar era o meu lar mesmo.

Aprendi valiosas lições com esses dois acontecimentos. Deus não está tão interessado em minhas *habilidades* quanto em minha *disponibilidade* para Ele. O Senhor está sempre falando. Mas você está ouvindo?

Oração: *Pai, obrigada pelas provações que o Senhor consentiu em meu viver, a fim de atrair-me mais para perto de ti. Ajuda-me a abraçar as dificuldades da vida — sempre ouvindo a tua voz.*

Pensamento do dia: O que Deus está dizendo hoje?

46

ONDAS INESPERADAS, BÊNÇÃOS IMPREVISTAS

Sharon Joy Underwood

Não temas, porque eu sou contigo; não te assombres, porque eu sou o teu Deus; eu te esforço, e te ajudo, e te sustento com a destra da minha justiça.
– Isaías 41.10

Lembro-me do sol nascendo, como em qualquer outro dia, naquela manhã primaveril de 2004. Meu esposo, Teddy, manobrava lentamente o barco de nosso filho mais velho, Jamey, pela enseada, no Fort Pierce. A umidade da Flórida, o cheiro de água salgada, e o pulo ocasional de algum peixe faziam parte do percurso. Quando começamos a ganhar velocidade, Suzanna, então noiva de Jamey e agora sua esposa, foi comigo para a proa e sentamo-nos frente a frente.

Três grandes ondas vieram contra nós em rápida sucessão. Rimos da primeira. Agarrei-me com mais força na segunda. Não cheguei a ver o outro lado da terceira, porque ela atirou-me ao fundo da embarcação.

Tudo escureceu ao meu redor. Havia algo errado com as minhas costas. Mais tarde, o médico explicou-nos que aquilo fora causado por uma combinação de coisas: a minha postura sentada, a velocidade do barco, e o ângulo de minha espinha. Eu podia ouvir os gritos, mas não distinguia as vozes. Jamey estava me dizendo que tudo ficaria bem, mas eu mal o entendia em meio ao meu choro. Ele continuava me confortando: "Estou segurando você, mãe. Está tudo bem". A minha mente fez a única conclusão lógica: os gritos eram meus. A dor retrocedia, mas logo voltava. Eu entrei em choque. O barco deu a volta e dirigimo-nos à praia.

Tendemos a pensar que Deus nos guia os passos para o bem, mas de igual modo, Ele guia-nos também na travessia do mal. E Deus estava prestes a tornar isso claro para mim.

Embora não houvéssemos pedido ajuda pelo rádio, uma ambulância estava à nossa espera — o pessoal havia parado na praia para almoçar. Em poucos momentos fui atada à maca, e disparamos para o hospital.

Sob o ruído estridente da sirene, perdendo a consciência e voltando várias vezes, ouvi o motorista dizer ao despachante: "Possivelmente, lesão na espinha". *Por favor, Deus,* orei, enquanto mergulhava novamente no escuro, *permita que eu volte a andar.* A igreja que pastoreávamos estava realmente crescendo. Teddy precisava de mim.

A sala de emergência estava cheia e parecia que eu era a última da lista. Finalmente, tiraram raio X. Comecei a agradecer a Deus pela cura, a despeito do que estivesse errado.

Depois de três horas, a médica veio ver-me. Seu rosto pairou acima de mim, comunicando: "Senhora Underwood, a senhora está com a coluna fraturada". Com uma oração relâmpago, sussurrei: "Em nome de Jesus, não. Não!" Ela disse-me que precisava ver outras pessoas antes de resolver o meu caso. Deus, porém, tinha outros planos.

Quando a médica estava se virando para sair, Teddy entrou: "Tina?" O rosto dela iluminou-se. "Oi, Teddy", saudou ela. "O que você está fazendo aqui?"

Então, olhando de novo para mim, ela fez a conexão. Sua voz mudou de médico-passando-apressado para amoroso-cuidador. Voltando-se novamente para Teddy, ela prometeu: "Vou ver o que posso fazer para apressar as coisas". Teddy olhou para mim e apresentou sorrindo: "Tina é a nossa nova vizinha".

Cinco minutos depois, Tina retornou com uma bênção especial: ela havia topado com o meu médico de família no hall. Apesar de ser forte a minha fé, Deus sabia que eu estava com medo, e por isso arranjara aquele encontro de médicos. Senti que Deus queria que eu tivesse certeza de que Ele sabia onde eu me achava, e que Ele estava cuidando de mim.

Uma imagem de ressonância magnética revelou uma fratura comprimida e outra aberta em minha coluna. Embora eu tivesse de usar uma escora nas costas durante os próximos seis meses, os especialistas acreditavam que eu ficaria bem e não precisaria de uma cirurgia. Lembrei-me de Isaías 41.10.

Três meses depois, foi-me dada a notícia de que eu não mais precisava da escora. Meu check-up de seis meses revelou uma cura completa, bem mais rápida do que os médicos haviam suposto. O especialista referiu-se a mim como um "milagre". Declarei-lhe: "Tudo por causa de Deus e, claro, de meu bom médico".

Ele sorriu e afirmou: "Não acho que eu tenha tido alguma coisa a ver com isso".

Oração: *Pai, ajude-me a compreender que, não importa o que surja em meu caminho, sou sua filha e o Senhor tomará conta de mim.*

Pensamento do dia: Uma bênção inesperada encontra-se à nossa espera todos os dias. Precisamos somente crer.

47

COOPERANDO COM UM "ANJO"

Joyce Williams

Porque aos seus anjos dará ordem a teu respeito, para te guardarem em todos os teus caminhos.
– Salmos 91.11

As luzes tremeluzentes capturavam as faces radiantes, brilhando na escuridão de nossa última noite na Índia. Srinivas, o pastor baixinho, conduzia a música. Suas mãos tocavam o tambor num ritmo perfeito, e o som crescia e se expandia através da aldeia. As pessoas continuavam a se apinhar dentro da sala pequena, lotando-a completamente, enquanto muitos ainda permaneciam do lado de fora. Quando a luz tornou a diminuir, Savitha, a esposa do pastor, correu em busca de uma lanterna. Ela não teve de ir longe; a casinha pastoral ficava junto ao diminuto santuário.

Por quase duas semanas, meu esposo Gene e eu tínhamos desfrutado da companhia de nossos amigos, o pastor Solomon e Selvi Mary Dinakaran. A sua família tornara-se muito querida para nós, e apreciáramos, especialmente, estar com os seus três filhos maravilhosos. Mais uma vez, havíamos estado em vários lugares e partilhado experiências inesquecíveis.

Enquanto Gene pregava, olhei para aquele amado grupo e recordei-me: *É por isso que continuamos vindo à Índia — por causa dessa gente preciosa.* As lágrimas encheram-me os olhos quando compreendi que tínhamos somente mais algumas horas antes de dizermos adeus.

Após o culto, as pessoas apresentavam-se umas as outras, apertando-se as mãos e compartilhando os corações. Então o pastor Srinivas veio a mim e disse: "Titia, quero que conheça alguém". Ele conduziu-me até Padma, uma jovem mãe e suas gêmeas de três anos, chamadas Martha e Mariya. Enquanto eu fitava a face cansada e apertava a mão calosa de Padma, o pastor informou-me: "Ela trabalha como criada, limpando banheiro, varrendo rua — qualquer coisa que ela possa fazer para ganhar algum dinheiro que lhes possibilite sobreviver. O marido abandonou-a, e ela não tem quem a ajude". Minhas lágrimas fluíram quando fitei as faces preciosas das duas menininhas.

Então o pastor Srinivas propôs: "Posso mostrar-lhe onde elas vivem?" Segui-o através da aldeia apertada, esburacada e poeirenta, até a minúscula choupana. Pulando por cima de um cão adormecido, entrei no cômodo sem janela, não maior que o meu closet. Num canto de paredes enegrecidas, avistei a grelha a carvão. Era a sua cozinha. Além disso, tudo o que havia eram algumas roupas velhas penduradas em ganchos na parede. Srinivas contou: "À noite, Padma não tem nem como esticar as pernas enquanto dorme. Estou muito preocupado com esta família".

Eu sabia que devíamos ajudar e garantir o bem-estar daquela mulher e suas filhas. Mas como eu faria isso, estando do outro lado do mundo? Ternamente abracei mais uma vez aquelas lindas meninas e sua mãe.

Ao voltar para o hotel, sacolejando pelas estradas esburacadas, eu tinha o coração dolorido e a mente acelerada. O que eu *podia* fazer? Demorei a pegar no sono, pensando na deplorável situação daquela família. *Senhor,* orei, *por favor, mostre-me o que fazer.* Finalmente, adormeci.

Ao despertar por volta das três da madrugada, meus pensamentos voaram imediatamente àquela mãe com duas filhinhas, imaginando-as amontoadas numa fina esteira, sobre o chão de terra. Mais uma vez, orei no escuro, com lágrimas a correr. Podíamos deixar algum dinheiro, mas elas precisavam mais do que isso. As meninas necessitavam de alguém que lhes dedicasse tempo e cuidasse delas.

Então me veio a resposta. A filha mais nova de Dinakaran estava na faculdade, preparando-se para ser uma obreira social — uma "benfeitora", a fim de ajudar os necessitados. Ela poderia ser a minha parceira no socorro àquela família!

Quando nos reunimos, na manhã seguinte, para uma última compra na cidade antiga, Selvi Mary, suas filhas e os demais estavam muito empolgados. Havia uma liquidação no Half Price Sari Shop! Acima do cacofônico clangor das buzinas, partilhei minhas preocupações, enquanto o nosso motorista "costurava" por entre a correnteza de carros de todos os tipos. Virei-me então à filha mais nova de Selvi Mary e perguntei: "Você não gostaria de adotar essa família como um projeto especial? Poderia visitá-las e cuidar delas?"

Seus olhos faiscaram e ela respondeu: "Oh, sim, titia! Eu adoraria vê-las e cuidar para que ficassem bem". Seu sorriso ia de orelha a orelha.

De repente, ficou claro para mim: Deus fizera mais que responder às minhas orações. Ele provera exatamente o que sempre prometeu fazer: enviar seus emissários especiais para cuidar de nossas necessidades. Meu coração estufou de alegria! Veja você, o nome de minha bela e jovem cooperadora, que se encarregaria de cuidar daquela mãe e de suas preciosas gêmeas era *Angel* — anjo!

Oração: *Pai, que sejamos sempre cônscios do socorro que o Senhor nos envia por meio dos seus anjos.*

Pensamento do dia: Que bênção é compreender que o nosso Pai nos permite participar de seus milagres!

48 

MOMENTO TRANQÜILO

Joyce Williams

Pai, lemos em tua Palavra
Que o teu filho sempre se retirava
Para lugares solitários
A fim de estar a sós contigo.

Aqueles momentos preciosos e íntimos
Partilhados por Pai e Filho
São modelos que devemos seguir
A fim de vencer as batalhas da vida.

Mas confesso que às vezes é difícil
Permanecer realmente quieta e esperar
Quando as pressões do cotidiano
Se mostram opressivamente grandes.

Mas é nesses momentos que mais
Precisamos sair da corrida
E fazer uma pausa para ouvir
As tuas palavras de amor, esperança e graça.

Pois é nesses momentos tranqüilos
Arrancados ao passo frenético da vida
Que ouço o teu doce e gentil sussurro
Suavizando os meus dias turbulentos.

Assim, hoje, busco o teu coração
Neste lugar sossegado e protegido
Para esperar e ouvir-te
E diminuir o agitado ritmo do meu dia.

Então, quando as tempestades assolarem ao redor
E as inundações ameaçarem destruir,
Sei que tu estarás comigo
Porque despendi tempo a sós contigo.

SOBRE AS COLABORADORAS

Jeannie McCullough: Jeannie fundou o curso bíblico Wisdom of the Word (WOW) em 1986, quando ela e seu esposo, Mel, estavam pastoreando em Bethany, Oklahoma. O WOW expandiu-se para Children of the Word, ministérios em prisões, e missões ao redor do mundo. Eles moram em Olathe, Kansas.

Gladys Staines: Gladys e seu falecido esposo, Graham, serviram como missionários para os leprosos da Índia, ao longo de muitos anos. Antes de se casarem, em 1983, Graham já trabalhara na Índia durante 18 anos. Eles prosseguiram com o trabalho dele até a sua morte. Agora, Gladys e a filha Esther vivem em Queensland, Austrália.

Joyce Baggot: Joyce foi esposa de pastor por mais de 26 anos. Lecionou por vários anos, e mais tarde dirigiu uma escola. Joyce é uma sobrevivente do câncer, e trabalha com seu esposo, Barney, que é o superintendente regional da Igreja do Nazareno, no North Arkansas District. Eles têm três filhos e vários netos. Moram em Fort Smith, Arkansas.

Sheila Bird: Sheila completou, recentemente, dois cursos superiores em negócios. Além de trabalhar em tempo integral, ela ministra com o esposo, Don, que pastoreia em Overland Park, no Kansas. Eles têm quatro filhos.

Cindy Blasdel: Cindy trabalha com o esposo, Steve, que é ministro de adoração em sua igreja, e têm ministrado juntos por mais de 27 anos. Ela leciona música na Friends University. Cindy e Steve têm três filhos e dois netos gêmeos, e vivem em Wichita, Kansas.

Sally Bond: Sally tem sido parceira de seu esposo, Jim, no pastorado e no campo missionário. Jim é presidente da universidade, bem como superintendente geral na Igreja do Nazareno. Eles têm dois filhos e vários netos. Moram em Colorado Springs.

Vonette Bright: Vonnete e seu falecido esposo, Bill, fundaram juntos o Campus Crusade for Christ, em 1951. Ela, que é uma talentosa autora e oradora, fundou o National Prayer Committee, e serve como presidenta do National Day of Pray Task Force. Vonette foi o instrumento de Deus no estabelecimento do Dia Nacional de Oração. Em 1993, Vonette lançou o Women Today International. Ela mora em Orlando, Flórida.

Jennifer Buettner: Jennifer tem servido com o seu esposo, pastor Harlan, por mais de 26 anos. Ela é uma talentosa musicista e gosta muito de tocar piano. Os Buettner têm um filho e moram em Seattle.

Myrna Buhler: Myrna é esposa do pastor Brian, e tem sido sua companheira de ministério há 26 anos. Eles têm uma filha e moram em North Vancouver, British Columbia.

Rachel Crabb: Rachel prega em retiros e conferências no mundo inteiro. Ela serve na equipe nacional do Stonecroft Ministries e como consultora de oração na área de Denver, além de dirigir dois estudos bíblicos por semana. Também é escritora e faz parte do MOPS (Mães de Pré-Escolares). Rachel e seu esposo têm dois filhos e alguns netos. Vivem em Morrison, Colorado.

Betty Daily: Betty e seu marido, Bob, pastorearam por mais de 35 anos. Além de participar de muitas viagens missionárias, Betty tem sido ativa em missões regionais e nos ministérios com mulheres. Ela e Bob têm três filhos adultos e moram em Nashville.

Susan Dillow: Susan serviu ao lado de seu esposo, Jim, no ministério pastoral durante 31 anos. Agora, Jim serve no Missouri, como superintendente regional da Igreja do Nazareno, e Susan é professora substituta. Eles têm dois filhos adultos e vivem em Carthage, Missouri.

Denise Franklin: Denise serve no ministério, com Kendall, seu esposo, há 25 anos. Ele já pastoreou na Califórnia, em Oklahoma, e no Kansas. O casal tem três filhos e vive em Hutchinson, Kansas.

Kendra Graham: Kendra é enfermeira registrada. Ela trabalha num hospital, e serve com o esposo, Wil, que é pastor em Wake Forest, Carolina do Norte. Wil segue a herança ministerial de seu avô Billy e de seu pai Franklin, evangelizando e pregando em cruzadas. Eles têm três filhos e moram em Wake Forest.

Karan Gunter: Karan é professora de ensino fundamental em Franklin, Tennessee. Ela dá aula na Escola Dominical, ministra estudos bíblicos e serve no ministério como parceira de seu esposo, Dwight, na Trevecca Community Church, em Nashville.

Patty Hambrick: Patty e seu esposo, Ted, pastoreiam a New Direction Church, em Beaufort, na Carolina do Sul. Ela é professora universitária, conferencista, e diretora de ministérios femininos na Carolina do Sul. Ela e o esposo vivem em Charleston, Carolina do Sul.

Debbie Henry: Debbie tem servido no ministério, ao lado de seu esposo, John, por mais de 25 anos. Atualmente, ela atua na igreja como coordenadora de missões locais e do serviço social. Eles têm três filhos e moram em Wichita, Kansas.

Mary Alice Hoover: Mary serve com o esposo, Mark, que é pastor da Messiah Baptist Church, em Wichita, Kansas. É professora de Bíblia e administradora. Ela e o marido têm três filhos.

Joyce Jothi: Joyce cresceu na casa pastoral da igreja presidida por seu pai. Ela completou os estudos na Union Biblical Seminary, em Pune, Índia, e trabalha com o esposo, Simon, que é pastor, reitor e escrivão da South Asia Bible College India. Eles têm dois filhos.

Debbie Keener: Debbie tem um mestrado em psicologia educacional. Ela escolheu focar-se em sua família e no Grace Fellowship, na Albany, Nova York, onde Rex, seu esposo, é pastor sênior. Ela gosta de palestrar e ministrar para mulheres. Debbie e Rex têm dois filhos, e vivem em Cohoes, Nova York.

Linda Lewis: Linda tem servido no ministério com o seu esposo, Ernie, por mais de 37 anos. Atualmente, eles servem em Clearwater, Flórida, onde Linda é ministra de música. Eles têm dois filhos e três netos.

Gail MacDonald: Gail é palestrante, escritora, conselheira, mãe, avó e esposa de pastor. Tem ministrado com o seu esposo, Gordon, há 44 anos, e já serviram em cinco congregações. Os MacDonald vivem em Belmont, New Hampshire, perto dos filhos e netos.

Edie MacPherson: Edie e seu esposo, Corey, estão dirigindo uma igreja nova, em Stony Brook, Nova York. Além de esposa de pastor e mãe de duas crianças, Edie é professora assistente de comunicação, na Suffolk County Community College. Eles vivem em Stony Brook.

Ellen McWhirter: Ellen e seu marido, Stuart, têm três filhos adultos. Quando ela não está viajando com o esposo, no trabalho de evangelismo, emprega seu tempo com o neto e cuida da mãe idosa. Eles moram em Corydon, Indiana.

Joyce Mehl: Joyce é palestrante e escritora. Ministrou com o falecido esposo, Ron, por mais de 37 anos. Agora ela supervisiona o Compassion Ministries, fundado por eles, e o programa de rádio Heart of the Word. Joyce exerce também a capelania num hospital infantil em Portland, Oregon.

Annie Montgomery: Annie dedica-se ao ministério com famílias, ensinando, cantando, pregando e aconselhando. Ela serve com o esposo, Lincoln, que é pastor da Tabernacle Baptist Church Without Walls. Annie trabalhou no governo municipal por trinta anos. Ela e Lincoln têm dois filhos e alguns netos. Ambos vivem em Wichita, Kansas.

Pam Morgan: Pam Morgan e seu esposo, Larry, têm servido juntos no ministério por mais de 33 anos. Ela serve como diretora regional do ministério feminino. Pam e Larry têm dois filhos e seis netos, e moram em Wichita, Kansas.

Kelly Pankratz: Kelly e seu esposo, Bob, têm trabalhado juntos no ministério desde que se casaram. O seu trabalho atual é com o Oasis Ranch and Retreat Center, em Plevna, Kansas, um lugar de refúgio e recolhimento, onde vidas podem ser restauradas. Eles têm dois filhos e vivem em Plevna.

Jodie Pinckard: Jodie leciona em escolas públicas desde 1975, e serve no ministério com o esposo, Phil. Eles partilham a história de seu filho, Mark, enquanto falam de doação de órgãos e tecidos, a diferentes grupos. Eles se alegram pela filha, Heather, e sua família. São eles os autores do livro Now Caitlin Can. Ambos vivem no Eldorado, Arkansas.

Nancy Roberts: Nancy formou-se em música pela Universidade de Louisville. Ela lecionou muitos anos em escolas públicas e compôs um musical infantil. Nancy e o esposo, Roger, moram em Bruxelas, onde ele pastoreia a International Baptist Church of Brussels. Nancy e Roger têm dois filhos adultos.

Cheryl Roland: Cheryl tem dirigido e trabalhado com programas e ministérios femininos nacionais e regionais em vários distritos. Seu esposo, David, é superintendente regional da Igreja do Nazareno, em Indiana. Eles vivem em Marion, Indiana.

Pam Runyan: Atualmente, Pam é responsável pelo ministério de adoração em uma igreja perto de Houston, onde ela serve com o esposo, Doug, que é pastor sênior. Antes de se mudar para o Texas, ambos serviram como missionários na Ivory Coast, África Ocidental, por mais de 10 anos. Eles têm três filhos e alguns netos, e moram em Humble, Texas.

Gayla Ryan: Gayla e seu esposo, Larry, estiveram no ministéiro pastoral por mais de 25 anos. Agora servem como diretores da King's Way Fundation, uma organização internacional de compaixão e assistência. Ambos moram em Yukon, Oklahoma.

Cindy Schmelzenback: Cindy é missionária, juntamente com o esposo, Harmon, no Pacífico Sul. Ele é diretor do Nazarene Maritime Ministries. Ambos vivem com os dois filhos em Suva, Ilhas Fiji.

Laisa Siakimotu: Laisa é casada com Robert, que serve com o OAC Ministries International. Ela trabalha como assistente de ensino e é diretora da união feminina de sua igreja.

Frances Simpson: Frances está casada com o pastor Eugene há mais de 53 anos. Eles têm dois filhos e cinco netos. Depois de servir como superintendente regional da Igreja do Nazareno, na Carolina do Norte, os Simpson acham-se envolvidos em sua igreja local, e ela escreve como freelancer. Ambos vivem em Charlotte, Carolina do Norte.

Mary Tabb: Mary ministrou como esposa de pastor por mais de 30 anos, ao lado de seu esposo, Donald. Agora, ela é professora na Louisiana State University. Mary é oradora e autora consagrada. Os Tabb têm cinco filhos adultos e moram em Baton Ruge, Louisiana.

Melody Tunney: Atualmente, Melody é ministra de adoração em sua igreja, em Franklin, Tennessee, além de trabalhar com o esposo, Dick, na realização de concertos. Eles têm duas filhas e moram em Brentwood, Tennessee.

Sharon Joy Underwood: Sharon Joy e seu esposo, Ted, começaram a ministrar juntos quando tinham 18 anos. Sharon lidera a união feminina e ministra estudos bíblicos. Eles têm dois filhos. Atualmente, pastoreiam em Fort Pierce, Flórida.